修筑滇缅公路纪实

Xiuzhu Dianmian Gonglu Jishi

谭伯英 著　　戈叔亚 译

云南出版集团

云南人民出版社

图书在版编目（ＣＩＰ）数据

修筑滇缅公路纪实 / 谭伯英著；戈叔亚译. -- 昆明：云南人民出版社，2016.9（2020.7重印）
（旧版书系）
ISBN 978-7-222-14998-4

Ⅰ.①修… Ⅱ.①潭… ②戈… Ⅲ.①公路运输 – 交通运输史 – 史料 – 云南 Ⅳ.①F542.9

中国版本图书馆CIP数据核字（2016）第193981号

出 品 人：李　维　赵石定
责任编辑：唐贵明　朱　颖
装帧设计：燕鹏臣
责任校对：任　娜　马志宏
责任印制：马文杰

书　　名	**修筑滇缅公路纪实**
作　　者	谭伯英 著　戈叔亚 译
出　　版	云南出版集团　云南人民出版社
发　　行	云南人民出版社
社　　址	昆明市环城西路609号
邮　　编	650034
网　　址	www.ynpph.com.cn
E-mail	ynrms@sina.com
开　　本	787mm×1092mm　1/32
印　　张	8.875
字　　数	160
版　　次	2016年9月第1版
	2020年7月第2次印刷
印　　刷	永清县晔盛亚胶印有限公司
书　　号	ISBN 978-7-222-14998-4
定　　价	34.00元

如有图书质量与相关问题请与我社联系
审校部电话0871-64164626 印制科电话0871-64191534

编者的话

历史上，由于某种特定条件，有些近似巧合的人或事，会极其相似地出现，然而，历史绝不重演。过去的就过去了，永远地过去了。《论语·子罕》曾说："子在川上曰：'逝者如斯夫，不舍昼夜！'"

这"不舍昼夜"之所"逝"，在今日，由于现代交通之发达，完全可将前人几十日长途跋涉的路，缩短为几十分钟舒适的空航距离，寓于神话、童话所变幻现实的梦，也有现代科技使之成为真真切切的现实，恍惚这个世界越来越小，可以想象的空间已渐失去，不得不感叹这"不舍昼夜"之所"逝"，已无比地加快其"逝"速。

从目前历史分期断代的办法看，贴近我们"当代"最近的"现代"之末，也在二十世纪四十年代，距今也已七十多年。二十世纪三十年代初美国作家斯诺在"云之南"做他的"马帮旅行"时，说昆明"这个城市伸出一只脚在警惕地探索着现代，而另一只脚却牢牢地根植于自从忽必烈把它并入帝国版图以来就没有多少变化的环境"。此说，在封建了几千年的土地上，东西南北，闭塞滞后的地区，概莫能外。甚于此者，六七十年前的历史，有时也无异于几百年前的旧闻。即便在当代，二十世纪五十年代有些路不通，人罕至，封闭于深山老林、穷乡僻壤，还没进行社会改革的人家，其生存形态，对今日也是遥远的，从根本上讲也属于"没有多少变化"的旧事。它翻天覆地的新旧、隔世之变，有时也只是几年间的事，距今也已半个多世纪了。

尽管过去的一切，随流逝的时光流远了与今日的差距，但它毕竟还是今日的历史与文化之根。沧海横流，世事纷纭，男女老幼、强弱智愚、善恶忠奸、尊卑贵贱，在人生的舞台，同台亮相，都是好戏。以此为历史经纬的故事和人物，无论英雄豪杰、贪官暴君，还是顶天立地、有仁有义的人民，都有他们的正史、野史、传说、逸闻。就是他们的生存环境、民风民俗，也随着这一切而有它的沧桑巨变。今日要了解、研究它，无法不借助一些过去的资料。将这些为数有限的资料束之高阁，不予充分利用，乃至散失，是有负于国家和民族的。

于是，我们从现代、近代，云南的、西部的，到更广远之天地的有关文化、历史、民族等等的有识之士的札记、掌故、田野调查、佚文旧稿中，选出一批当时和今日依然有其影响与价值的专著和篇什，编辑为书系，以介绍给读者和关心、研究它的朋友们。由于"逝者如斯"，一些作品的认识、审美、资料价值，有的往往还会与日俱增，由此，更增加了我们介绍它们的责任感。

时代在巨变，正如许多学者所言，我们"每天都有珍贵的民间文化品种在消亡"。形势亮出了黄牌，他们呼吁"抢救"民间的文化财富，提出"需要深入当代民间进行'田野调查'"。这里入选作品的作者，不少正是当年的"田野调查"者，他们深入到所谓的"蛮荒之地"，在旅行、生活条件极差，乃至恶劣时，以其惊人的毅力，在天灾，也在人祸所遭遇的惊险中，写出他们耳闻目睹之种种，有的归纳、概括而抽象为更具理论色彩、更具文献价值的调查报告，有的则更侧重沿途实见实闻的纪实，夹叙夹议，所悟的学问常常深于一见一闻，遇险的惊恐又常与人生闯荡的乐趣同在，大多写得朴素、清新，和平冲淡中确有委婉的情致。他们，有的定居该地，已属当地居民，有的，调查的行程，一年半载的跋山涉水，想蜻蜓点水似的所谓"深入生活"，想追名逐利而做所谓的"研究"之浮躁，都不可能。他们，不乏过去的先贤名儒，名校名师下的研究人员，多有鲜明的民主意识，同情广大的劳苦大众，抨击不合理的社会秩序与社会结构，维护人道、人权，正视压迫、剥削、两极分化的现实。从人类学、社会学、民族学、民俗学，对东西方的一些不同之处和相同之处所引发的思考，为我们打开了眼界，打开了思路，于此回顾、前瞻的天地，更加宽阔。

这些不同时代的不同作者，在不同的社会、政治背景下所写的作品，若无他们的局限性，也就无须后来的社会进步。除了书中的白纸黑字，他们跋涉在穷山恶水的艰辛和为此追求的执着顽强，正是对这土地，对这土地上的人民之爱，虽然并不排斥有的也许出于好奇，想探险、冒险，但他们作为民族大家庭的一员，其大中国的兄弟之情，是无可怀疑的。可是限于当时政治结构之情和个人识见，将人民对反动统治的反抗写作"叛乱"，在正视人民的痛苦时，又仅从当地的风光与人情称他们所在之地为"乐土"，或对他们的风俗习惯，简单地以自己的好恶来看待，难免有些偏颇不当之处，但从整体来看，作者的爱心都是浓浓的，有些不周之处，或是漏洞、失误，都不难理解。照排之旧书，就该看到它是过去另一个时代，另一些作者，在不同的社会、政治背景下所写成的作品，就该看到它的局限性，更为新时代而自信。

世事变迁，"逝者如斯"，前人有的看法无法请他们统一，后人无权强求一统。有些说法，能理解，并非简单地认同。能作注的，加注；若难查证的，存疑。乍看，有些不明白处，顺读下去，就理清头绪了。

本书系的选编，除由繁体字改为现代简体字横排外，内容基本保留原貌，有的地方，另加编注说明，以便读者阅读参考。

为保留原作资料的真实性和风格，对个别带有民族歧视的描写和用语，未做大的删改，请阅读中予以鉴别。

目　录

附 录

The Building of
THE BURMA ROAD

by

TAN PEI-YING

(Formerly Managing Director of the Yunnan-
Burma Highway Engineering Administration)

Whittlesey House
McGRAW-HILL BOOK COMPANY, INC.
New York   *London*

本书献给那些用血汗和生命构筑和维护
滇缅公路的我的同事和劳工们

初版自序

　　撰写本书的目的是介绍我国同胞如何修建滇缅公路这个伟大工程的巨大成就。由于要保证故事的完整，许多技术细节都省略了。总之，我希望我的做工程师的兄弟和公众都会喜欢这本书。

　　这项工程仅仅是中国人民在战争中所做出的一系列伟大成就中的一项。工作时他们虽然没有足够的营养和设备，但他们拥有从我们先辈那里继承下来的宝贵的自我牺牲精神、坚韧不拔的决心。

　　对于公路所要经过的地区的不同民族来说，原先他们的乡村仅仅是地图上一个个孤立的地方，但在随后到来的几个月中，他们彼此熟悉起来了。为了修路，他们不顾相互之间有多么不同的生活习俗和文化背景而走到一起来了。为了修路，这些完全不同的民族尽可能友好地生活工作在一起，任何民族的矛盾和冲突都未曾发生过。

　　当这些经历在我脑海中仍旧十分清晰时，应该把它们都记录下来，希望西方读者从中对中国人民的真正精神有更好的理解。

谭伯英
1945 年 6 月纽约

1

从昆明开始

1937 年，就在滇缅公路刚刚开始修筑时，人们根本无法意识到这条公路将在中国和世界的历史上扮演一个什么样的重要角色。那时上海还没有沦陷，大部分的海港仍旧在我们的手里。在南方，大量的战争物资可以通过粤汉铁路从广州很快地运到湖北省省会武汉，小批量的物资也可以通过法属印度支那铁路（滇越铁路）从越南源源不断地运到昆明。那时看起来，滇缅公路并不像一些动脉大干线那样举足轻重。

但是从长远的观点看形势就很严峻了，北平的卢沟桥事件使得中国终于开始了对日本侵略的大规模抵抗。而每一个中国人都意识到这将需要巨大的忍耐和勇气，我们面对的，将是我们中华民族历史上最漫长和最艰难的战争。

考虑到战争结果的不可预测性，中央政府做出了尽可能地开辟一些所谓"后门"公路的决定，这是唯一明智的。在各种可能性的方案中，一条通向缅甸，将这个国家的首都仰光的海港和中国内陆紧紧地联系起来的公路，似乎是最理想的选择。

那时中央政府在汉口，交通部长张嘉璈先生要求我对仰光—昆明的运输问题进行仔细地研究。

修筑滇缅公路有两条路线可以选择。一条从昆明通过保山和腾冲到八莫，再从那里通过伊洛瓦底江到仰光。有一支属于英国某公司的伊洛瓦底江小型船队，拥有一些非常有价值的驳船，其运输能力超过缅甸铁路部门，它能将物资运到缅甸南方的平原地区。根据英国和 Manchu 政府（该政府现已期满撤销）之间签署的协议，如果需要，船队的运输能力可以在我们加入后大大增强。而且这支英国舰队在仰光港口可以直接将驳船开到海船旁边，而不需要到已经非常拥挤的码头和仓库装货。

修筑滇缅公路的另一条路线是从昆明到缅甸的腊戍，那里有来自仰光的铁路线。就是货物也可以直接用船从仰光一直便利地运到八莫，再从那里通过一条公路支线到达未来的滇缅公路。

经过反复讨论和研究，后一条路线最后被选定为滇缅公路的线路。这条公路在 1938 年下半年开工了。从云南省的省会昆明到腊戍直线距离是 514 公里。但在修筑公路时，由于有许多困难的地形需要迂回，所以公路全程的实际距离为 1153 公里。

云南省政府主席龙云将军在 1937 年 11 月下达了一个命令，马上开始修筑滇缅公路。云南省公路局局长禄国藩将军以及他的助手杨文清先生全权负责这项工程。同时，负责具体组织全线工程建筑的中国国家经济委员会派出了两名有经验的工程师来协助。滇缅公路的英文名称叫 Burma Road（缅甸公路），这是由于

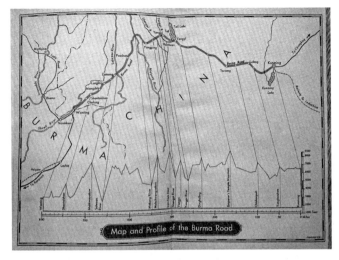

滇缅公路地图和侧面图

说明：地图从右至左下方的文字分别是滇缅公路从第一站沿线的所有重要城市的名字和英里数；右侧从下而上的数字为滇缅公路沿线的海拔高度（英尺）

翻译为：

零英里	昆明	海拔6500英尺
50英里	Yanglaushao	6800
100	Chishanpuh	7200
160	天子庙坡	8500（2600米此处为滇缅公路最高峰）
230	Dinghsiling	8000
260	漾濞河	5000
280	漾濞	7000
300	Shengpi River	5000
310	Iron-Nuts Nest	8000
340	Mohchwangyakow	7500
350	澜沧江（湄公河）	4500
460	怒江	3000
485	Mohkwayokow	7000
550	三台山	4500
600	畹町	3500

这条公路将中国和缅甸连在一起。虽然英文叫缅甸公路，但它仅有 188 公里的路线在缅甸境内，其他部分都是在中国境内。中国人负责将公路从昆明一直修筑到遥远的中缅边境的中国小镇畹町。整条路线上的地理和地质上最复杂、最艰难的部分都在中国境内。公路从畹町进入缅甸后一直到腊戌的那部分由英国人负责修筑。

连接着仰光—腊戌铁路的滇缅公路和另外一条公路相连，这就是西南公路，它将昆明和重庆联系起来。这样，这条已经开始修筑的通向海洋的公路，就可以到达中国战时的陪都重庆。

士兵出身的禄将军知道如何执行命令，但是他面临许多困难。云南人烟稀少，招募工人更加困难。他只能依靠地方官员来寻找劳动力，要他们立下军令状，如果延误就按军法惩处。

1938 年 9 月，重庆的一个早晨，交通部长通知我，他决定到昆明去视察这条在交通部直接负责下的公路的修筑情况，并要求我在几个小时之内和他同去。部长没有直接告诉我什么，但我预感到他可能会要我领导公路的修筑。我说出了我的忧虑，因为我在大学里最早是攻读历史和地理的，我不认为我有成功的可能。

我接受的不是一个民用公共建筑工程师应该接受的教育，这就如同让一个机械工程师去从事航海工作。而且对于中国这方面的事务我很不熟悉，什么都不知道，不知道如何联系、也不知道什么人可以帮助我。

我来自沿海地区，我了解那里的人民。由于中国可怜的交通状况，沿海地区多多少少都和中国的其他地区隔绝了。因此，我感到这项很陌生的工作，负责起来十分困难。长远的更加复杂的问题是：公路计划要穿过多种多样的质朴的原始边境民族、土著和部族地区，而每一种民族又有他们自己的传统和习俗，每一种民族都需要很好的研究和特别的对待；同时还需要大量受过训练的助手来共同完成这一类的工作，但是到哪里去寻找他们？所有这些问题，我在到达昆明的头几天里就苦苦地思考过了，但不得要领。

到达云南省的省会昆明后，我们在省政府招待所下榻。省府官邸距离我们住地不远，它坐落在城北的一座叫"五华山"的小山上。这个地方在辛亥革命前曾经是一所学堂，以后被改造成一幢西式的行政办公官邸。政府行政大楼的建筑是低平和简朴的，不过院内仍然有一些非常生动雅致的痕迹：一个栽满了珍贵的树种和鲜花，并饲养着鹿和孔雀的动植物综合花园。另外还有一个巨大的接待和宴会大厅，可以容纳200多人就餐，是一位在法国留学的中国建筑工程师设计的，它体现了法国优雅的抽象主义的现代思想。在那里，我们出席了一个官方宴会，餐桌上摆着中国食品，服务却是西方式的。供应的酒水也是中西兼备。

在这里，我认识了云南省主席龙云将军。当我进来看到他时，忧虑消除了许多。他是一个朴素、刚毅的老兵，风格非常简练，给人一种努力工作的感觉。

他不仅懂得军事事务，对管理地方行政事务也得心应手。他不说废话，语言简明而尖锐，能马上接触到事务的本质并立刻做出决断。那时没有谈论到他完全不必知道的有关筑路困难的细节问题。我感觉龙主席是很果断的，有许多他周围的幕僚们所不具备的能力。

另外使我感到吃惊的是，在昆明我有一种在家乡的感觉。虽然我的家乡是远在千里以外的南京附近的一座小城。昆明的习俗和语言对于我来说，比我的出生地百多公里之外的地方的习俗和语言还要熟悉。这里的人们说话的风格几乎完全一样，说话时速率很慢很慢，重音发得很清楚，和普通话差不多。

当我漫步街道时，看到了老式婚礼和葬礼的队伍，和家乡的婚葬习俗十分相似。我还发现了板鸭，这是一种很好吃的食品，它在南京地区是很特殊的，有很大的名气，而在昆明也这样。另外还有许多其他相似的东西。

对修整滇缅公路，我的忧虑逐渐开始变成激情。从表面上看，麻烦事越来越多，而我的热情却越来越高。虽然前面的工作充满了艰难，但良好的合作是工作的保证，这样，没有什么困难是不能克服的。一天晚上，部长叫我去，和我进行了一次谈话。

"谭先生，"他说，"你不是一个民用工程的专业工程师，这我知道，但我从不怀疑你有承担这项工作的能力。我要你干好这个工程。我祝你好运。"

当我的朋友听说我可能要承担这项工作，并发现完成它是非常非常艰难的，就都劝告我。

"你这个人太直了，"他们说，"如果你直接按你的方法干，会遇到许多困难而且很难解决。最好你要学会在必要时绕着走，这样不仅可以少找麻烦达到同样的目的，还可以节省时间。"

这些意见是有道理的，这些意见可以类比为修筑公路的路线问题。我很讨厌公路弯来弯去的曲线。如果按我的观点，公路就该笔直得像条飞机的航线。但我们不得不和大自然妥协，为了达到目标，一条铺设柏油的公路必须要有许许多多的 U 型急转弯和又滑又陡的坡度。

几天以后，我收到了一封来自重庆的官方文件。这是我的任命书：交通部任命我为"滇缅公路工程管理局局长"。

1938 年 11 月 16 日，我走马上任了。唯一的一间办公室安置在一家老式照相馆里。我们就这样开始工作了。在头几个星期里，人员仅仅只有我自己和另外一个职员，但到后来行政人员发展到数百人。办公室坐落在翠湖边，是昆明最美丽动人的地方之一。围绕着翠湖有许多富人的别墅和外国领事馆，包括美国领事馆，其中一幢最漂亮的公寓是属于这个省前任长官唐继尧将军的。

这是一个很适合工作的地方。昆明的气候几乎是十全十美的，四季如春。居民对此十分得意，因为无论居住在哪一层楼房里，一年四季都不用买扇子和烤火炉。

然而，我无暇欣赏周围的美丽风光。一大堆麻烦事接踵而来。我们接受了所有的工程技术人员并根据交通部承认的薪水册的标准给他们加薪。我们尽量根据每一个人的特点安排他的工作，而从不为一些有特殊关系的人安排肥缺。人选上，不考虑他从什么地方来，是否在美国或欧洲接受过教育，而是看他能否尽职尽责。因此给职员们留下了一个良好的印象。

然后，我们开始进行地理和地质背景方面的培训。一个学习阶段紧接着下一个阶段，逐步地进行着，这种循序渐进的方法就像不能从炎热的夏天一下子就跳跃到寒冷的冬天，而是要逐渐经过秋天一样。由于时间紧，我们的课程很概略，有时无法顾及到学习质量。然后就是学习尽可能地加快公路工程进度的方法，如同如何用沙砾平整路面，如何精心完善前面较为粗糙的工作，把一条曲线慢慢拉成一条直线，减少急弯和陡坡，改良排水系统和如何修建载重量不能小于10吨的桥梁等等一些课程。

无数问题需要解决。要有工人，包括劳工和技术人员；还要弄到他们工作的工具；为他们发薪水；需要医务人员和药品；建立建筑工程的机械商店、车间和车库；开办汽车驾驶员学校；根据日内瓦公约制作公路标牌等等。

所有的事情必须同时尽快进行，麻烦也就出现了。我们需要大量受过训练的人，但是我们从哪里才能得到能满足各个部门的人员呢?

滇缅公路仅仅是当时中国建设现代公路和铁路项目中的一个。在现代公路的建设方面,中国是很年轻的。有经验的工程技术人员的缺乏在战前就十分突出,当中日双方的冲突开始时,这个问题就更加尖锐了。绝大部分的人才已被其他政府部门招募去了。招募工人本来不是我们的工作,而且我们也不知道从何下手。但是我们明白:必须自己想办法寻找我们需要的人。

无数信件和电报发出去了,但符合要求的人却来得很少。这些人大部分生活在被日本人轰炸、进攻和占领的地区。他们有的必须到处逃难;有的房屋已经被摧毁了,而我们又不知道他们的新地址;也有人在新的地方重建了家园,由于在那里生活得很好而不想离开。

还有,人们普遍传说的云南边境地区流行着"瘴气",传播疟疾的可怕景象使得全国都很害怕。许多中国人不能认识疟疾就是由小小的蚊子带来的,他们相信疟疾是由"毒气"带来的,这种"毒气"就是始终徘徊在掸族(即傣族)地区的水塘、沼泽和丛林上空的薄似晨雾的瘴气。于是,滇缅公路将要从这些有"毒气"的边境地区经过就成了阻碍招募工程技术人员和劳工的大问题。

招募工作延长了一个月的时间,看来几乎没有希望了。但后来他们一批又一批的来了,他们放弃了舒适的生活和有利的职位来接受这项重要而艰苦的工作。

一个非常明显的难题就是缺乏机械设备,因此工程更加依赖于数以万计劳工的手工操作。但是这些劳工同样需要工具，这是一个需要马上解决的大问题。同时，我们至少还应该拥有少量的各种类型的重型设备和最新式的机械：从风力凿孔机、炸药到柴油压路机等等。

因为时间的急迫和战局的恶化，这类设备一开始我们什么都没有。最初的建筑工程不得不用延续了若干世纪的原始方法，即用当地劳工习惯的手工作业来进行。

当地民族劳工的一些工具是很有意思的，或许在建筑上使用得最为广泛的就是竹背篓了。在一些工程段上，劳工们是用一条拴住背篓的带子托在头上，背篓里放着要搬运的东西；而在另外的工段上，劳工们用扁担挑着箩筐搬运东西。用这些背篓搬运土或碎石都是很轻便的。竹子到处都是，每一个人都会用它制作背篓或箩筐。

另外一种竹制品是劳工们的鞋子：就是把竹子劈成有一定强度的细枝条，再编成鞋。它们轻便耐用、通风舒适。当我们的工程技术人员的鞋子穿坏以后，也穿这样的竹鞋，感觉非常舒服。

使用老式木制的中国水泵即水车，按照几百年前输送水的方法来运水也是很有效的。这些水车是由一系列数不清的木片链子的水箱组成，用脚踩着踏板使之不停地转动。在昆明我们定做了50部这种叫作水车的水泵，然后用卡车运到工地。由于水车太轻、易碎，同时又大又笨，所以只有10部水车在运到时没有损坏。以后就用骡马来运水车。但是，一头骡马搬运一部水车又驮不动；只好用两头骡马搬运一部水车，一部水车的两头各安排一头骡马。此后不幸事故不再发生。

云南的劳工们不愿使用发给他们的长把锤，而是使用他们自己由乡村带来的短把锤。他们的锤一般都不给别人使用。由于这样的铁锤不适合把石头敲打成一定规格的石料，加之他们也没有经过训练，结果有一半的岩石由于敲成了碎片而浪费了。

传统中国筑路方法是所谓的"弹石路面"，实际上就是不铺设柏油的泥土碎石路。这种路面一到雨季就很泥泞。在中国，除了少数几个城市的街道铺设柏油外，几乎完全没有铺设柏油的现代公路。而滇缅公路计划就是建筑这种碎石路面。

新修筑的路面当然需用重型压路机来压碾。可时间不允许我们在得到这些机械后再工作。以后，在我们铺设柏油路面时，就使用了重型压路机，许多压路机都是美国"租借法案"的物资。"珍珠港事件"后，得到这些机械的可能性完全消失了。

没有机械压路机，只好自制石碾子来代替。使用锤子从巨大的石灰岩石上手工切割成大石块，再把这些大石块雕凿成石碾子，这样的工作既艰苦又容易将石块凿碎。稍有闪失，就会前功尽弃。不过最后做好的产品却都是滚圆滚圆的，就像工厂生产的。

我发现，各地的石碾子的规格都是根据该地区之人的体力决定的。盛产稻谷的地区往往使用很大的石碾子来压碾稻谷，那里的人也是强壮的，能够推动重物。有一些地区稻谷产量不高而当地居民往往就瘦小纤弱，用的石碾就小，这样才能由水牛牵引。

我们使用的石碾子大约有 1.8 米高，重量各地不等，一般都在 3 ～ 5 吨之间。我们至少需要 100 个这样的石碾子。如果采石场就在附近，人们就因地制材。但更多的是要到较远的地方去寻找石料制作。在这样的情况下，如何将石碾弄到公路上本身就是一首动人的叙事诗。许多石碾都是靠劳工们推拉肩扛才从丛林和山中弄出来的。

如果在推拉石碾的小路上有树，就要把树砍倒；遇有大石头，必须搬开。有时往往要用几个星期才能艰难地把石碾子运到目的地。上坡时，往往要五六十或百人才能推动它。为了使这种艰苦的工作稍微轻松一点，劳工们就唱着歌、踩着劳动号子的节奏干活。

往往是走在石碾前面的人，握着一根木棒，而这根木棒被捆在石碾子的轴眼上当作指挥棒引导着前进的路线。当石碾走得很快时，这个指挥的人也可以利用这根木棒控制速度。这个人就是领唱的人。他领唱歌曲复句的开头，然后所有的人一起跟着唱起来。这个方法使得劳动时产生一种有规律的用力或者放松的节奏，可以帮助减轻疲劳，非常有效。

上坡时没有多少麻烦，石碾较容易掌握。但下坡时由于石碾子所产生的巨大冲力，常常使得地面上大量光滑的石头也跟着向下滚动，这就构成了一种似乎可以摧毁一切的可怕动力。

这时许多恐怖的事故就发生了，那些来不及躲避的劳工们常常被失去控制的石碾子压死。偶尔也会压死一些孩子，因为天真的孩子们总是喜欢在大人们工作时玩耍，而又总是奔跑在这个被解放了的巨大石兽的前面。

有时石碾自己会冲下一个陡峭的悬崖而丢失。我们自制了制动器式的刹车来帮助减轻可能发生的危险。就是用一根大木棒捆在石碾子的轴眼上。当石碾子冲得太快时，在石碾两边的人就把大木棒的一端放倒在地上，这样稍微减缓它前进的速度。下坡时，人们把木棒撬起来又放下去反复不停。这要求有高超的技术和敏捷的动作，对减速有一点帮助。

最后，我们对这些实效甚少，又浪费时间，而且还时常发生可怕的死人事故的工作无法容忍了，不顾一切地紧急要求通过仰光从英国进口10台柴油压路机，虽然我们希望尽可能不浪费外汇。这种柴油压路机简单耐用，它有一个单缸发动机，不易损坏，而且有足够的动力。订货后6～8个月到货。不过它只能在一些容易行走的地区使用。

各类进口工具都是非常缺乏。绝大部分是农民的劳工都自带工具。最普遍的工具就是有一个长把的勺，劳工们用它把土铲进箩筐里。后来我们有了铁铲，向他们示范这更加有效的工具，并要求他们用它来代替他们的古老的勺。但是我们离开他们后不久，他们又放弃了铁铲，重新回到他们所习惯的工具和劳动方式上去了。

在地质研究中，我们发现有许多数十公里的路段被一些最坚硬的岩石所阻挡，这就不得不在这些险峻的悬崖上开凿一些马蹄型的急转弯道。

这意味着需要大量的爆破。我们应该使用炸药，由于没有更多的时间去购买建筑用炸药，所以我们不得不依赖常常是在中国传统的节日中燃放爆竹时使用的那种中国黑色炸药。每一块大的岩石都要凿一个装填这种黑色炸药的洞，必须凿无数的小洞。这样又出现了许多问题：没有风动钻孔机。只好使用锤子和钢钎及另外的一些劳动方式。

在滇缅公路施工之前，我们曾经在中国清代原来的西北官道的基础上改建成现代公路，一位远见卓识的将军在很久以前修筑这条路时留下了许多我们急需的炸药。当然，他并没有预计到我们会使用它。

在这里重复这个中国故事是有价值的，它说明了我们的成功得益于先辈为将来可能的需要之深谋远虑。

1875 年，大清帝国皇帝任命了一个叫左宗棠的将军，去镇压穆斯林的反叛。这些暴动从陕西的省会西安向四处蔓延，并通过甘肃省一直扩展到新疆。当左宗棠控制了一个地区以后，马上下令修筑一条可容五辆大车并行的标准的官道。但他仍然感到有危险：这就是官道今后可能会被出现的叛乱摧毁，或者农民为了扩大自己的土地所侵蚀。

为了事先阻止任何类似的不测事件，他命令在官道沿线栽种了宣称为供奉纪念神灵的柳树，这样，他要当地人相信这些树是神圣的自然物使得他们不敢去骚扰官道。同时当他们生病时也可以来向这些树祈祷。当我们在这条大路上旅行时发现这些树完好无损，许多地区这些树干的直径已超过了一米。

左宗棠曾在他的著述中提到，他在沿线碉堡的储藏所里存放了许多炸药，以及供他的军队和今后要在这里为朝廷战斗的人们所使用的武器和弹药。这一系列他要求建立的供应站，都是按照古代欧洲城堡的式样，并配有供在骚乱时进行防卫的来福枪射孔。

每个城堡里都储藏着炸药，放在大量的陶罐里。每一个陶罐都注明了编号和生产的年代，呈圆锥体堆在一起，周围有个可以用来灭火的水塘。小心把陶罐的泥土盖子打开，就可以取到炸药。他还留下了可以用来制作炸药的大量白色结晶体状的高质量硝芒。他的长远计划的一个结果就是：大量的供爆破用的炸药却正好可以供我们在改建西北公路时使用，而且是在他预计的半个世纪之后。

左将军对于我们是个灵感。他既不是机械师也不是民用工程师，他不懂测量，仅仅是位将军或是一位学者，但他仍然造就了一条优秀的高等级官道，其长度几乎是滇缅公路的两倍。为此我总感到很歉疚，因为滇缅公路远不如左将军的官道好。

在云南，没有可供使用的干燥炸药。无论如何，我们必须按我们所需得到它。制造炸药最基本原料的硝在云南是非常稀少的。在一个地区，人们可以用燃烧过的草灰制作出低品质的硝。在另外的地区，数量很少的白色硝也可从本地砖中得到。为了保证大量的供应，需要一个工厂满负荷生产一年的产量，所以，炸药总是得不到满足。

然后是公路信号的问题。在公路上的每个危险地段、不规则的路段、每个弯道、狭长的隧道、陡坡、桥梁、十字路口，都有突然发生事故的危险，都必须按照日内瓦国际公路信号会议的标准安放标牌。当我们考虑标牌的放置点时，才发现它们并不实用，因为滇缅公路上几乎就没有不危险的路段。当驾驶员连续不断地看到许多他们必须注意的信号时，往往会麻木不仁。另外，驾驶员来自不同的种族，包括缅甸人、中国人、欧洲人和印度人等等，我们必须要找到一种使所有的人都能看懂的信号。在许多弯道上，汽车一辆紧跟着一辆，如果有一些他们看不懂的路标反而会使他们产生混乱。

因此决定仅仅只在一些非常非常必要的地方竖立一些必须按汽车喇叭的信号标牌。这些信号标牌并不是根据国际公约的标准来制作的，而是用了一个人们熟悉的符号，即一个老式的橡胶喇叭图案，这在印度和缅甸很普遍，所有的驾驶员都能识别。另外要安放标牌的地方是十字路口，我们又绘制了一个表示狭窄路面的符号。1940年6月，英国在日本人的压力下被迫封锁了滇缅公路，但在三个月后又重新开放。这时日本人的轰炸机开始轰炸公路和攻击车队了，我们就安置信号标牌发出警告：滇缅公路全线都在日本人的飞机射击范围内。在开阔地段，由于日本飞行人员很容易看到奔跑的汽车，所以每8～10公里我们就为驾驶员们在路边设一个掩蔽处。

在急转弯和其他危险地段就竖立画着橡皮喇叭图案的警示牌

　　信号的问题解决后，下面的问题是寻找制作信号标牌的人。有这种绘画技术的人都在上海。不久，他们就为了这个工作前来报到了。

　　那时的滇缅公路工程管理局，除了负责公路的修筑外，还按交通部要求负责物资运输的各项保障工作，包括电报和电话线路等通讯设备；以柴油为动力的电站的油料供给和为今后修建滇缅铁路而准备材料等等。

当所有的事情都完成得差不多时，又要去招募和训练大批的驾驶员了。

招募驾驶人员不仅考虑申请人的经验，还要经过严格的考试如身体素质、驾驶技术、小修理、对车辆故障做出诊断和机械处理的能力以及是否忠诚等等。尽管各方面都重要，忠诚是最重要的，所以，品行不好的驾驶员不要。

一所培训驾驶人员的学校在昆明的潘家湾建立起来了，每批驾驶员都要在这里进行三个月的培训。

第一堂课是讲油料系统：供油线、化油器、液压和油泵。

第二堂课是讲车底盘、弹簧、轮胎和轴承。

第三堂课是讲冷却系统：散热器、水泵等等。

第四堂课是讲电路系统：电池、配电盘、配电器、冷凝器、灯、中心调节器、火花塞。

第五堂课是讲机械部分：驾驶、制动线和齿轮。

最后是讲润滑油。

入校的驾驶员必须是年轻男性，他们来自全国各省。那些不适合当司机的人就培训他们当汽车修理工和清洗工。

我发现司机们很难通过全部课程。不过他们大部分都很聪明。有些品行不好的人考试时作弊，他们这样不认真学习，往往容易造成车毁人亡。

休息时，司机们漫不经心地谈论着每个人可能获得的各种各样的机会。许多人希望得到高工资。不过几乎每一人都承认：他们所希望的工作在滇缅公路上都可以找到并且可以得到高工资。这些司机有大量得到高工资的工作机会。但是，他们却很不节省，用他们的方法乱花钱。

一个人必须有足够的胆量才能在滇缅公路开车。我记得有一个印度司机第一次上路就把车开到了怒江峡谷中去了，自己也送了命。开始时他好像没有麻烦，但突然听到他恐惧地狂叫起来，然后看到他的车完全失去控制，冲下悬崖。当时我看得清清楚楚，掉下悬崖的汽车就像孩子的玩具小狗那样大小。

而一些司机的确是很好的。尽管他们也有毛病，但他们还是完成了任务。干这样的工作的人，必须是刚毅、不动摇和无所顾虑的。

还有许多其他麻烦的事像瘟疫一样在我们周围蔓延。就说大米的价格吧，当大米的价格是每斤一角钱时，由中央政府发的工资尚足以购买每个劳工每天需要的食物。但是后来物价涨、涨、涨，乃至涨了一万倍。甚至在同一个区域都有不同的价格。物价上涨如此之快，而且马上从一个地方影响到另一个地方，使得我们必须用无线电从我们的总部尽快得到每天的米市行情并马上进行计算。

这样又把其他许多事情给弄复杂了，因为付给各个工程单位的工资是以当前的物价再加上一定的系数为基础来计算的。要正确地分配需要技术的帮助。在1938年，我们工程师的平均月工资是50美元。为减少

19

通货膨胀的影响，他们的薪水必须相应提高许多，但他们的购买力却不如过去。

米价的计算是如此的复杂，以致必须建立一个由十多个专家组成的特别部门，别的什么事都不干而专门进行计算。工资有一个增加系数，计算工资调整率的计算公式也相应制定出来，系数每个星期都有变化，这样每一个人拿到他的工资才可能满意。这只能保证基本的需求，即每个工人要有足够的大米、蔬菜、肉、烟草、一些零钱、衣服和不多的沐浴机会。

为满足生活基本需求的难题不断地困扰着我。因为在公路修筑过程中，劳工从未少于两万人，如果我们没有两三天的工资储备，劳工们将会对我们丧失信心而离去，并且一去不返。

除了劳工，还有1000多位职员和工程技术人员，拖家带口的人又有许多不可缺少的家务开销：菜油（脂肪油那时是一种奢侈品）、酱油、醋、盐、茶和燃料，所有这些花费要超过大米。许多人被迫出卖家里暂时不用的东西以维持生计，这就是为什么当时典当生意在昆明如此繁荣的原因。

那时，所有的职员和工程技术人员都能在晚上从一些商人或司机那里，以不正当的方式获得大米。虽然面临着这样的引诱，但是大多数人都没有做。他们对工作坚定不移的热情是值得赞扬的。谁都知道政府正在尽力保证我们的基本生活需求。但工资的增长仍然跟不上物价的增长。这样对他们是很艰难的。离开了在沦陷区的家园但又必须把钱汇回去的人不占少数，而现在他们已经没有多少剩余的钱给家里的人了。

一位工程师把他妻子的照片给我看时，我才知道他们有多么困窘，并为此而深深震动。照片上这位妻子由于营养不良而干瘦如柴使得我几乎认不出来了。她仅仅有能力买一点米，做成淡淡的除了有一点淀粉外没有任何营养的汤来维持。我知道其他人的家庭情况也是一样。我应该要求增加他们的工资，增至双倍甚至三倍。但政府也有数以千计的紧迫事情需要用钱。因此我们只能更多地注意更大的通货膨胀的到来。

在我身边，也有一些倒卖大米发国难财的事。一天，当我到办公室去的时候，我看见在院子里有两辆1940年新款的别克牌轿车。我不知道我的朋友哪个有能力拥有两辆轿车。这时，一个有钱的绅士进来说："你好！"然后告诉我：他已经发财了。我认出从前在上海是我手下一个小职员的他。有一辆车是他的，另外一辆他准备以不可想象的高价卖掉。我不顾礼节马上要他滚出去，免得影响我们的士气。但是，还是有一些认识他的人扔下工作跑过来热情地和他打招呼。我认为，这些战争投机商这么快地弄到供他们自己享受的金钱也会像带着吱吱声的菜汤泡沫那样很快地消失。

我猜想这个投机商可能还会得意数月或者一年，但是他绝不会从金钱上获得任何益处，因为不义之财老是使他不得安宁。他带着钱来到这里，就是为了进行更大的投机，直到钱袋被倒光为止。有些人怀疑我以哲人的方式下的结论，像个街头混饭的预言家的话那样不可靠。但仅仅一年多，这个人就因为害怕债权人抓他而躲了起来。

这时，管理局的办公室已从翠湖边搬到了昆明商业区的一个三层的办公大楼里了。这里拥有现代化的各种设备：有行政人员和各部门工程人员联系的电话，甚至可以和公路上最孤立的地方都保持密切联系的电报和无线电系统。

昆明的面貌也在发生急剧的变化。这个有着中国古老文化的平静、祥和的小城正在变成国统区的一个最繁忙、最现代、最兴隆和最国际化的城市。外地人，同时也有美国人、英国人、缅甸人、法国人、希腊人和印度人像潮水般的从其他各省涌来。从上海来的生意人开设了摩登的商店、饭馆和电影院。在街道的任何地方都能看到西式服装，甚至是最时髦的东西：高跟鞋、长筒丝袜、礼帽和西服。

这样的变化也影响到了职员们的工作。办公楼所在的昆明商业区中心，有点像纽约百老汇附近的泰晤士广场，所有消遣的场所如剧院、饭馆和典当行都在这里。这里的生活费用是全中国最高的。职员的朋友和亲属从全国各地汇集而来。任何时候，只要有一个到访者，就意味着要浪费许多时间。然后来访又必须回访，又要浪费时间。除了回访以外，对客人的酒饭接风也是不可少的礼数，这样更多的时间又浪费了。

有地位的人几乎每天晚上都有应酬。

这样的应酬将要消耗个人收入的10%。任何时候一个朋友有生日、婚礼、葬礼或者是哪一个家庭生了一个孩子，都应该奉送礼金，此属例行开支。这样，工资的一半就花费了。

职员们的家属也开始来到。他们中的大部分都来自沿海地区，所以对欧洲的生活用品很习惯。当在商店里看到奢侈品时，太太们就非买不可。女人们开舞会，当看到其他的女人穿得更时髦而自己显得寒酸时，又要让自己的丈夫不得安宁，除非自己也得到同样的装备。这样一来，可怜的工程技术人员是完全没有办法省下他们的工资的。

这样的情形使我们不得不把公路管理局总部搬出昆明，到一个更加有利于施工的地方。在那里技术人员可以在正常的和较少焦虑的环境下进行他们的工作。

1940年12月，主要的办公机构搬到了下关，这里正好是滇缅公路里程的一半。在这里，我们至少对平静和安宁的环境感到满足。具有讽刺意义的是，那些买了高跟鞋的太太们不得不把她们的高跟鞋扔了，因为下关所有的路面都是粗糙和多石子的，不能穿着高跟鞋走路。

历史背景与公路测量

在讲述滇缅公路异乎寻常的测量工作和公路开凿的情况之前，应该首先介绍这个国家的历史背景以及其他的一些有关情况。

虽然落后的交通，使得生活在这个地区的人们看来似乎完全和外部世界隔离了。但它还是一直存在着一条数千年来他们的祖先依此通向邻国缅甸的通道。首先由于军事需要而修筑大道，然后商业贸易跟随其后，在中国情形往往都是这样。滇缅公路沿线的一些城镇和乡村的名字还残留着那些古代军事行动的痕迹，古老要塞的城墙和壁垒以及军队营地的遗迹仍然吸引着旅游者的兴趣。

这一带一些最有名的战役都和中国古代历史上一位伟大的将军诸葛亮有关。他生活在公元3世纪的汉朝时期，诸葛将军所取得的成就都和计谋有关。他所表现出来的智慧和远虑以及他在滇西所实施的政策，就是在若干世纪之后的今天，对我们仍然有很大的启示。这就是：如果要获得边疆土著民族的合作和支持，没有道路交通是不可能的。

诸葛亮在中国历史上是最受人尊敬的人物之一，这不仅仅是因为他具有作为一个军事谋略家的天才，

24

而且也为他的心理学知识和模范的个人行为。一座纪念他的祠堂在成都是个有名的旅游胜地。以他的战争故事为基础的中国戏剧，大大超过了其他任何一个中国古代的将军。如果没有描写他故事的戏剧，在中国几乎就可以说没有戏剧了，那么多的中国演员将要失业。至少有一位作者将他的部分故事翻译成了外文。

他的故事是这样的：公元221年，老皇帝刘备驾崩，诸葛将军开始服侍小皇帝刘禅，而这个小皇帝是个无用之辈。那时中国被分裂为三个国家。将军的这个国家仍然称汉王朝，以今天的四川成都作为首都。另外两个是它的敌人，诸葛亮的抱负就是要征服他们从而统一中国。

最使他忧虑的是后院也有敌人，这就是今天四川省南部和云南边境地区的土著部落。他意识到，将注意力全部都集中在征服其他两个国家之前，必须首先征服这些边疆土著。他也明白：如果长驱直入，可以打败这些土著。但在自己班师回朝后，他们还会一次又一次地发动叛乱来反对他。为了永久地消除后患，他必须在心理上彻底征服他们。

由于意识到战争将是漫长而艰苦的，诸葛亮进行了长期在外征战的准备。出发之前，他上奏年轻的皇上：希望把体现中国优秀文化和智慧的优美文字传授给这些反叛的土著，以教化他们知书达礼。他的这封信至今广为流传，即著名的前后《出师表》。其中的许多原则至今仍被沿用。

诸葛亮的讨伐军从成都出发，直逼大理和下关。这时一个诡计多端的边疆土著首领孟获已经侵入了云南北部地区，几乎打到四川边境。诸葛将军前后共俘获了这个土著首领七次。第一二次抓到他的地点在历史上都没有记录，而在今天的下关有一块石碑上记载着这里是孟获第三次被抓获的地方。

我曾经仔细地观察过立碑处。大理洱海湖水要从这里的一个天然石拱桥下流过，两边有险峻陡峭的悬崖，易守难攻。如果一支军队驻扎在这里，那么谁也别想通过。

大约是第三次释放了对手之后，诸葛将军紧跟着孟获撤逃的足迹渡过了怒江。他知道蔓延疟疾的地域就在江的对岸。渡江前，他和他的士兵们都跪下祷告上苍。

史书上记载着诸葛亮曾经制作了一些高效的药，用于保护他的军队免受疟疾之苦。药方至今仍在民间流传，名为"诸葛行军散"。我在我们的工人中进行过试验，这种药在预防疟疾的方面效果并不太好；预防感冒和支气管炎却是有效的。可能药方已经被后人改变了。

诸葛将军的军队经下关向西开往保山，现在的保山东郊有个叫"诸葛营"的地方就是当年的汉军营地。不知道是由于身体虚弱还是为了显示尊贵，外出时，他总是乘坐二轮车。请了一个有技术的工程师在这一带修建了一条宽敞的栈道。如今，这条路的痕迹仍然清晰可见。

他穿着一件绣着几何图案的蓝色丝绸上衣，手里拿着一把用老鹰羽毛制作的扇子。无论是冬天还是夏天都是如此，显然这是一种被浓缩了的形象。

每个人都很惊奇，当有那么多紧迫的事件在家里等着他时，诸葛将军还要花这么多的时间来捕获这个反叛首领。特别是当诸葛将军第一次很容易地抓到他后就立刻释放，以后又多次再抓再放，更令人不解。但是诸葛亮知道，虽然他可以杀掉孟获并消灭他那由边疆土著居民组成的军队，一旦他返回北方前线后，这些土著又会死灰复燃。

孟获在八莫地区第五和第六次被俘，最后一次，也就是第七次被俘是在曼德勒。当发现诸葛亮这一次还是不杀他时，孟获终于被感动了，他认为像这样具有巨大忍耐力的人，一定是一个神。最后他发誓永久臣服蜀汉王朝。当我们的工程师跟着一些当地土著首领去招募劳工时，他们发现诸葛亮的画像竟被供奉在这些部族的营地里，诸葛亮仍然作为一个神被人崇拜。

我曾经听到过这样一个故事，几年前一个传教士到一个首领那里，希望他们放弃原始宗教而改信基督教。一开始他四处碰壁，后来他灵机一动说耶稣基督就是诸葛亮的弟弟。从那以后他成功了。

孟获被驯服以后，诸葛亮返回成都，而且再也不用担心他的后院还会有什么麻烦出现，继续按照他原来的计划去征服其他两国。但是他没能活到他可能获得成就的时候，相反在他死后，蜀汉王朝覆灭了。

　　他的另外一个战例在历史上也是很有名的，在长江上，他用火攻击敌人的木制船队，一次就消灭了80万敌兵。他能预测风向，使他制定了将火种预先安置在上风地区的计划，这表明他具备许多天文学方面的知识。

　　如果诸葛将军执行一个比较短视的政策，即用军队去镇压边疆的少数民族，那么现在除了大自然的障碍外，我们也很有可能还要应付这些少数民族给我们带来的各种各样的麻烦问题甚至是骚乱，以致不可能在短时期内完成公路的修建。诸葛将军知道，镇压不能减少人们的反抗；维持永久和平的方法是以宽恕为本，从而最后达到吸收他们的目的。这是中国人的基本特点，如果处理得好，他们将永世不忘；如果对待他们不好，他们也会永世不忘。我认为一些外国朋友也许应该记住这个训条的益处。

　　许多年以后，一些军事行动多多少少仍然使用诸葛亮修筑的这条栈道，而更重要的是一条经济大动脉从此打开了，这就是通向缅甸的"丝绸之路"。

　　滇缅公路开通后，丝绸之路仍然在使用，但在丝绸之路上载运货物是由牲畜完成的。一年又一年，那些大而有钱的中国运输公司一直在这里进行着获利甚丰的运输活动。丝绸、茶叶和其他货物源源不断从它运往缅甸。从某种意义上，它已经不仅是一条路了，而是由群山和丛林中缠绕迂回的无数小路组成的网络迷宫。道路穿越悬崖和流水，通过无数手工制造的悬垂铁索桥梁。这些桥非常柔软，人们通过它时必须根据索链左右摆动的节奏来迈步。如果他行走得太快或者太慢都将有麻烦。很久之前，这种柔软的桥梁只能用非常不可靠的竹绳建造。可以说丝绸之路上各种各样的桥梁是几百年人类发展进步的一个写照。

古老的铁索桥

我认为丝绸之路就是一种通向自我的生活。货物统统都是驮在马或骡的背上，马和骡都是很特别的牲口，不仅只是普通的携带重物的动物。它们曾被蒙古人训练，蒙古人在马和其他家畜的饲养和调教方面具有高超的技艺。大部分丝绸之路都是用鹅卵石铺就的，路面很滑，我穿着皮鞋在上面行走肯定会跌跤。然而这些牲口钉着铁掌，在这条路上行走从不跌跤，一般是 100 ~ 300 头组成一个商队马帮。领头的牲口往往是一头骡子，因为作为一种杂交动物，它从不会对其他牲口有性的吸引力，也不会去和其他牲口玩耍；还因为它聪明和坚韧，而其他的牲口也就很忠实地跟随其后。领头骡子往往被盛装打扮，脖子上醒目的彩绳系着一串铃铛在行走时发出悦耳的铃声。在它的背上插着一个有运输公司标志的三角旗。

领头骡子的头上插有一根棍子，上面飘动着红色的羽毛，作为一个视觉信号引导后面的牲口。当通过茂密的丛林时，红羽毛就看不见了。那么其他牲口就凭借着领头骡子脖子上的许多小黄铜铃铛发出的声音前进。

带领商队马帮的人叫"马锅头"，他们都是特别顽强的人，总是步行，从不骑马。在荒野中运送这些珍贵的货物自然很危险。因此马锅头总是带有武器来对付路上可能的袭击，随行的还有类似中国狗的，但体型很大的藏獒。他们很喜欢这种猎狗，因为它从不躺下睡觉，而是坐着休息。尽管严加防范，马帮仍然常常遭到袭击。而走这条路的陌生人十之八九要遭到抢劫。我怀疑这些劫掠者有一个和本地歹徒勾结的基地。

马锅头总用自己很特别的语言来和牲口交谈。相互之间的交谈很短、声音很小，像是和最亲密的人交流机密的悄悄话，一般人是听不懂的，但对骡马却有着特殊的意义。

尽管非常独特，但是丝绸之路的路线看来对我们是没有什么价值的。因为它有太多的弯曲，并且十分狭窄。滇缅公路重新选定全新的路线，就好像丝绸之路完全不存在一样。

旅行者和参观者总是对公路评头论足，但他们还是认为滇缅公路的勘测工作是非常优秀的。这要归功于工程技术人员，在紧迫的情况下，他们总是打破常规的工作程序而夜以继日地工作。

通常，工程技术人员要拿着一张周围地域的详细地形图步行勘测，然后再返回他们舒适、明亮的设计室；对地图进行彻底的研究之后，再选择公路可能通行的最佳路线。如果用这样的方法，他们勘测滇缅公路至少需要两年的时间。但他们仅仅用了7个月，而且后半部分的勘测工作还是和路基的修筑同时进行的。后来我们进行二次勘测和完善公路时，发现第一次勘测的路线很少有大的变动。

勘测工作的优秀成果应归功于负责人极好的知觉判断能力。他们包括华以方（译音）先生，他是公路总工程师助理，原南京的国家经济委员会公路局一个部门的负责人，以及云南公路局的另外一些助手。他们好像本能地知道在什么地方要牺牲一段已经修好的路才是公路最佳的路线，而什么地方必须从岩石上开凿过去才可以避免今后的塌方。

勘测工作始终是由不到30个人进行并完成的。仅有的测量工具是普通的酒精水准仪。他们没有更多的时间制作详细的地形图或返回办公室去研究和校对。白天工作完后晚上加班，测绘图的描绘常常在老百姓的茅舍里，在菜油灯微弱的、时隐时现的光线下完成。

他们在来回的奔跑中，靠肉眼的观察和站在现场的感觉，穿过地图上没有标明的丛林地带，以及攀登到悬崖的边缘做出自己的判断，如此这般才完成了勘察报告。所有的勘测路线一般都不重复勘测。没有任何人知道他们一路跌跤或遭到野兽袭击的次数。

有的地方要在山上艰难地步行，使得勘测工作无法快速进展，他们只好雇轿子抬着上山勘测。这种方法有它的好处，因为坐在轿子上是高于地面的，便于更好地观察四周，而且可以更加集中精力在勘测工作上。

看上去似乎很卑贱的抬轿的人也是勘测工作的英雄。这些云南农民的先辈来自四川省的轿夫的脚底板，具有抬轿子的特殊功夫，也在工程作业面之间的交通上为我们工作。

四川多山的地形很像云南。四川有这样一句谚语："如果你老了，就不要去四川！"一溜长长的脚印被深深地烙在峻山的石梯上。这些脚印非常倾斜，表明这里的路面很光滑，抬轿人必须很敏捷地行走。四川轿夫在中国很有名，甚至在北京还出了一批皇家轿夫。

早年间，有一个小皇帝在街道上出生①，随行人员不到四十。小皇帝不能经受住哪怕最轻微的震动，他的轿夫都经过特别的训练，必须有宽阔强健的肩膀，平时练习抬着一个沉重的装满水的陶罐，积年累月，一直练到差不多一滴水也不会溢出边缘为止。当推翻

———————————
① 原文如此。——译注

帝制的辛亥革命来到时，他们这些有特别技术的人不得不去寻找另外的雇主。

抬轿子有一个悠久的、严肃的和诗意般的传统。由于只有前面那个人可以看到要走的路，而后面的人什么也看不到，所以他们需要相互传递有关路面情况的信息，他们传递信息时总是相互对唱着一首单调韵白的诗歌，音质带着非常特别、包含着古典优雅的趣味。前面的那个人不停地唱着他看到的情形，而后面的人总是给予一个很舒服很有趣的回答，作为对同伴告诉他前面的路面情况或者是景观的一种鼓励。比如前面的那个人看见路上有一摊水要提醒后面的同伴注意，他就这样："天上明晃晃"，同伴心领神会，马上接下去："地下水汪汪"。这种令人愉快的相互作用一直不停地进行着，还常常表现出他们语言的幽默。

轿夫们是很聪明和机智的。他们可以用一些轻松的话题来评价他们正在抬着的雇主，然后用雇主乐意接受的方式祝福他。就这样，他们使自己在旅行途中尽量轻松愉快些。

在他们帮助我们进行公路勘测的过程中，哪怕在最可能落下岩石的地区，或最容易破碎、最容易崩塌的巨石下面，也丝毫没有放慢自己的脚步。如果没有他们熟练而又伟大的专业技术，公路的勘测工作绝不会如此迅速完成。

有许多地区的路线选择不能用正统的勘测方法。比如，勘测人员原来计划公路的路线要穿过傣族地区泥泞的山区而不是穿过丛林。由于山区经常发生山崩，我认为公路应该经过丛林。后来我就准备这样干，并派出我们最顽强的工程师组成一个小分队前去勘测。但是由于疟疾蚊子太厉害，工作人员在他们完成任务之前全部都病倒了。唯一可以使用的方法就是用火烧丛林。但我们又不愿意这样做，只好放弃这个想法。所以勘测人员原来的计划路线看来是有道理的。

在我们准备进行开工之前还有其他许多的障碍物需要克服。

地方政府的官员告诫我们：选择公路的路线时，要尽量不占用稻田。因为稻田在云南是稀少和珍贵的。同时也要尽可能避免毁坏古老的纪念碑、庙宇和墓地。但还是不得不搬迁大量的普通坟墓。这是一块古老的土地，城市的郊区人口很稠密。而其他的地盘也常常被富人占有，建造了很大的宅邸。所以坟墓占地显得异常珍贵。

坟墓的保护在中国是非常重要的事情，因为坟墓是人们尊敬先辈的一种重要表示，无论先辈是否过世。每年春天来临，人们都要对自己祖先的坟墓进行整理和修缮，使其能安然度过随后而来的雨季。

"清明节"是履行这一职责的适当时间，因为这时已经开始下一些小雨了，天空乌云密布，惹人愁绪纷纷，这也是最能激发创作诗歌灵感的时节。

洪水和其他灾难来临时，任何人无论是否受过教育都必须毫不犹豫地首先去保护他们家族的墓地。而生者的生死则是第二位的。选择的墓地被认为对后辈的命运可以产生巨大影响。在中国，迁坟一直是任何公路、铁路或运河建设所要面对的最麻烦的事情之一。通常政府或者建筑单位必须付钱给那些答应将自己祖先的坟墓迁移的晚辈们。

将坟墓迁移到什么地方的决定权既不在家族，也不靠一般算命先生掷钱币。在大自然的力量好像有可能对墓地产生破坏之前，人们就要去专门请"风水"大师来选择迁坟的地点了。"风水"大师在选择新址时使用罗盘。本来任何罗盘都能使用，而且只要找一个可以避风避雨、阳光充沛的地方就完全可以了。但是这样不行，"风水"大师们一定要煞有介事地把中国人计算农业节令的"天干地支"表放到他罗盘的磁针四周，其目的就是要使仪器看起来非常复杂甚至神秘，然后由他们这些人获得这种专利的垄断权。

如果这种"风水"大师说的理论符合，中国就没有穷人了：他们可以给自己的祖先选择最恰当的墓地从而使自己获得财富。正如在中国实际发生的情况那样，甚至连"风水"大师本人也只能弄到微薄的收入糊口。

我们的工作既没时间也没有机会去寻找恰当的占卜家或"风水"大师。但工程技术人员确实非常认真地寻找新的可以作为墓地的土地，当然他们没有用标有"天干地支"的罗盘帮助，也没有为那些子孙们举行祈祷好运的仪式。

在中国，一个工程师必须会干任何事。如果一个在国外受到过教育的机械工程师不能修理手表或者冷藏箱的话，那么他的亲戚和朋友再不会请他做事了。所以当工程师们向墓地的主人们宣称找到了"交好运的地方"，可以迁坟时，他们也就相信了。实际上这些地方都是最容易弄到手而且是最节省时间和金钱的土地。

这样的事，我们大部分差不多没有遇到什么大麻烦。老百姓都知道日本人的压力增加了，这条路必须尽快成为中国接受外援的国际通道。但是在一些地方，当地居民们还是给我们一些正式通知，说如果迁移祖先的墓地没有及时地请一个"风水"大师，那么，只要后辈们今后遇到任何倒霉的事，政府都要负完全责任，不仅为马上到来的境遇，而是要对几代人的命运负责。

有一次，一个"新贵"家族的成员坚持不同意搬迁他们的祖坟，那是一块宽阔和幽静的墓院。我们的公路必须从此经过。我也担心如果硬要他们搬迁可能会产生不好的结果，因为今后那些来往的车辆产生的嘈杂声可能会扰乱他们亲人安息的灵魂。最后我们还是没有移动这块墓地，而是从旁边绕过。我们从不惊扰庙宇、纪念碑或者是历史上有趣的遗迹。相反，我们的工程师在休息时间，还尽可能多地对文物古迹进行恢复和修理。

公路沿线最多的"文物古迹"，恐怕就是那些寡妇们的坟墓和贞节牌坊了。这些墓地的主人不仅仅是那些结婚后丈夫才死亡的女人，其中也有一些是那些当她们还仅仅是订婚、将来的丈夫就死亡了的少女。在中国，如果未婚夫死了，姑娘们既要留在自己家里做女儿，还要穿着表示哀悼象征的白色衣服去和一个由牌匾代替丈夫的幽灵结婚。

当姑娘死去的未婚夫家族的乐队吹打着来迎亲时，通常她被安置到一个装饰着白丝绸和点着云母制作的白蜡烛的车子里。而另一支来自女方家族的乐队也演奏着悲哀的、柔和的曲调跟随着她来到新家。她就开始拜天地，然后拜死者的祖辈和公婆。最后再恭恭敬敬地跪在她死去的新郎的牌匾前举行结婚仪式。这个牌匾和新郎的棺材被幕帘分开，幕帘前的供桌上放着蜡烛、香料和祭祀的盘子。她首先烧香，然后用供品和米酒供奉她的丈夫，最后再供奉长辈和其他的人。

可怜的姑娘哭喊得如此凄惊，以致虚脱，即使在亲朋的帮助下，她也几乎无法完成复杂的婚姻仪式。每个步骤都必须很小心地跟随着乐曲进行，姑娘在熟于此道者的帮助下，按部就班地进行着礼仪。

婚礼结束之后，她就必须像是真正的儿媳妇那样和她丈夫的父母共同生活，以打发她剩余的时光。她应该将丈夫兄弟的第二个儿子收为继子。如果丈夫仅有一个兄弟，而这个兄弟也仅有一个儿子，那么这个儿子就必须同时是自己家庭的儿子和他的寡妇婶子的儿子；这个儿子长大后就有权娶两个老婆。另一些姑娘寡妇则以削发为尼来代替婚姻典礼。

在一般情况下，寡妇是不能再婚的，虽然没有明确的法律规定，但这是一个习俗。只有非常摩登或西化的中国女人不遵守。

如果一个寡妇在她的一生中言行举止都始终忠实于她死去的丈夫，那么就可以按照常规立牌坊来赞颂她的贞操。她死以后，丈夫的家庭、亲戚、朋友和村长将隆重地举行一个类似于最高家族会议来决定是否为她立牌坊。

当讨论通过了她没任何污点的生活细节，同意她可以享有这一殊荣，她的家庭就到地方行政官处申请为她建立一个牌坊。地方行政官同意这个请求后，就以官方文件的形式上报总督，总督再报皇帝，现在当然是报总统了。当这个报告寄回来时就盖着朝廷的玉玺或是中央政府的印章，又通过总督或者省主席和地方行政官再回到这个寡妇的家庭。这个家庭在一个感人的仪式中接受这份文件。在帝制时期，人们都要跪着接受。民国以来，不用下跪，而是站着接受这份文件。

贞节牌坊是由两块立着和一块横着的石头组成，上面盖着一个小宝塔用以保护用大理石或者花岗岩制作的那个玉玺或者印章的复制品。立着的石头上总是铭刻着一些有名望的文人墨客的诗句，以描绘这个寡妇值得赞颂的品行操德。

这个贞节牌坊对寡妇的丈夫家庭就意味着一切。他们花钱建立它，是以后可以为此变卖他们拥有的任何东西或者抵押他们的土地，从中得到比他们的财产价值高许多的回报。几个世纪后，这些遗物仍然是永恒的证据。这种毫不动摇的、无私的爱的奉献在西方世界不是经常发生的。

在中国历史上，有些卓越的人就是这类寡妇的儿子。那些有钱人的后裔一般都不会成为有名的大学者，因为他们的家庭和环境太优越了。但是这些寡妇的儿子们却不那么得天独厚，生活很艰难，命运坎坷。他们感到需要证明自己，希望通过努力成为专门人才来补偿早年的损失。

所以这些纪念碑式的牌坊叫作"贞节坊"。"贞"的意思是纯洁；"节"的意思是坚定、忠诚；"坊"的意思是纪念。整个的意思就是"一个能够完全控制自己的女人的纪念碑"。

公路沿线另外还有一些历史上有意义的人或事件的纪念碑，一些石碑上由早已去世的学者铭刻着赞颂他的祖先的成就，比如一个灌溉系统的建立。有的纪念碑则说明这里是历史上一个有名的战场的遗迹或遗址。例如在下关，就有一个所谓的"万人冢"的纪念碑。日期要追溯到唐朝，那时，一个大将军李宓来到这里要征服边疆土著。当地土著军队在两个咽喉要道之间设下埋伏，结果李宓军队几乎全军覆灭了。这个战略计谋记载在一个庙宇里的一块大石头上。

总之，无论这些纪念碑在什么地方，我们都试图保护和修复它们，使之更加长久地存在。

修筑公路的人民

滇缅公路从昆明到畹町全长 965.4 公里，路面宽 7 米，路基深 2~3 米不等，根据路面条件而定，全线的路面基本都是铺设碎石。

这些石子有的是从大石头上打碎而来的，有的是炸山得来的，它们都有一定的规格，大的做路基，然后再铺设上一层小的，最后为了耐用再铺设一层 2~3 厘米大小的，就是所谓的"泥结碎石路面"。滇缅公路全线用土 2754 万立方米，石子 295 万立方米。

每块石子铺设在什么地方和怎样铺设，都是劳工们用自己的双手完成的。劳工主要是农民，他们使用在农田里所习惯的工作方法，来从事公路铺设石子的工作，如同把稻谷秧苗从培育地运到秧田，再把它们垂直地插入秧田中的方法一样。

那些难于计数的一堆堆的石子比其他任何事物更能使我清楚地知道，这就是那些数以万计的默默无闻的劳工们为了建筑公路所付出的巨大努力的一部分。正是由于他们无穷无尽的忍耐和贡献，在经历各种各样的艰难和风险中所遇到的劳累、疾病、事故和死亡中所表现出的崇高的持久耐力，才使得中国能够按着她的生命路线延续下来。

劳工们在滇缅公路上工作

　　我们首批重要任务之一，就是要寻找和招募从事修筑公路的劳工并把他们带到公路上去。这自然要首先找到那些生活在靠近公路两边的人——云南西部的农民，特别是遥远的边疆土著居民。本来我们并不愿雇佣后者，因为云南政府一直默守着一个政策：不能强迫他们做任何事。而且也没有证据证明他们具备从事这项艰苦工作的能力。

　　云南人烟稀少。有的地区，方圆100多公里都找不到足够数量的劳工。我们只好穿过这些地区到更遥远的地方去寻找。而招募到的劳动大军又要步行100～200公里甚至更远的路程才能到达他们的工地。

　　在中国，这个省是专门为军队输送人力的。所以就没有足够的年轻人留下来从事农业生产劳动。稻谷产量已少得几乎不能养活当地人。许多地方，留在家里的老人、妇女甚至孩子都上阵了，他们都愿意来修筑公路。有时整个村子的人都来，留下空荡荡的村落，连烟囱里也没有缕缕炊烟，显得格外凄凉。

我们和当地的地方官员协商后，把劳工分编为一定数量的小队，再分别派遣到各个工段去。组成小队的劳工们必须按照工程技术人员的要求进行工作，为了避免他们有被强迫劳动的感觉，负责该段的工程技术人员总要和由各村长推举出来的一个代表协商工作。这是一个民主的方法，它来源于孔子的原则："如果你的人民和你在一起，那么你将获得成功；否则你就要失败。"这个原则大家都很推崇，并在整个修筑过程中始终得到了贯彻。

所有的决定都得到了贯彻和完成。同时我们也发现了一些令人惊奇的差异，这不仅仅只是统计上的问题。比如，来自不同地区的劳工们所完成的工作量也是不一样的。在某一个地区，如果那里稻谷丰盛，那么强壮的劳工就有能力在一个工作日里运输3立方米的石子；而另一些来自稻谷产量低的地区的劳工，体质瘦弱，一个工作日拼死拼活所运输的石子也不到1立方米。

同那些工头的协商中，每个细节都经过讨论而且征得他的同意，如每一个工作单位的报酬、劳工们的数量、稻米的价格和工作时间等等。我们按照惯例规定工作量，对工头预计可以完成一项工作所需时间再加上30%。这样每一个人就没有什么话可说了。如果他们再完不成，就算加班加点也要干完而且没有额外的报酬。

每次调度会议，要和各工段的工头详细讨论每个问题，一般包括20个工段。并把交通部批准、省主席命令必须执行的计划文件复制给工头们，然后他们又传达给每一个村长，并把内容包括所需的劳工数量、工具种类和数量等等的征集清单交给他。

招募的劳工从几百里外的家乡成群结队地来到工段上，就像是民族大迁移运动。分布在公路两边的地区，有的地方人烟稀少，有的地方人口稠密，召集的队伍人数一两千或四五千不等，他们都各自出发到分配给他们的不同路段去。这样又使我们产生了很大的混乱。有时他们可以沿着公路走，有时他们必须穿过乡村和山野。即使考虑到他们在许多方面落后，云南的人民在这方面仍然是很幸运的，他们在外出人员的管理方面有着特别的天赋。这种天赋来自于多年沿袭的特殊传统。

几千年来，这里的汉族居民一直被怀有敌意的边疆土著民族包围着，所以不得不组织起来保护自己。另一方面，他们的地域经常被一批又一批来自北方省份的军队所占据，这些军队要去征服边疆的土著民族，他们也必须组织起来配合军事行动。

虽然英国人统治了缅甸，云南人仍然按照老习惯常年来往于这个国家。每年旱季，他们坐马车或步行600多公里到缅甸的那木图（译音）银矿和其他地区去找工作。这些工作对他们非常有吸引力，因为他们可以得到比在自己的农田里干活更多的报酬。但是，挣来的金钱却从没使他们交好运，大部分都花费在吃喝嫖赌或是其他没有多大必要的开销于缅甸，然后又空着双手回家。

由于有以上各方面的经验，所以他们有经验在外出时组织起来自己管理自己。在外面做活或长途跋涉中，大家都必须认同在打着一个旗号的团体下统一行动，这样可以保护自己，并且不需要在途中停下来接受各种关卡的反复盘查，因为这些团体在通过陌生的地域时，就事先和有关组织联系，并要求给予他们帮助。每个团体都带有一个亚麻布条，上面写着他们的人数，来自什么村子或地区，及要去的目的地等等。每张布条还要用无法涂改的印油盖上本地地方官员的官印。

这些官印的样式很有讲究，其尺寸和品质都有严格的等级差别，要根据使用这些官印的官员的级别而定。只有很少一些人拥有固定的上层关系渠道，可以随时弄到一份盖有官印的文件。

那些在政府的地方官员管辖之下的少数民族土司"宣尉使"（Sawbwas）或是傣族的统治者，使用铸铁印章。汉族地方官员用的则是比较贵重的黄铜官印。比地方官员高一级的政府官员使用的是青铜或银制的官印。金印则是王子以及类似西藏或蒙古的国王使用。

皇帝有个特别大的印章，是玉制的，叫玉玺。寻找一个值得献给皇帝的翡翠毛石料要花很多年的时间。据说在新疆和田地区的南部是这类翡翠可能存在的唯一产地。辛亥革命后，这种印章制度改革了很多。但是还在使用，不过仅局限在地方官员范围内。

通过许多朝代的延续，形成了一种习惯：官印通常是由官员最亲密的人——妻子保存着。而现在保存印章的常常是最效忠他的上司的一个职员。

临时性组织的官员或是那些政府固定部门以外的官员，比如海关、铁路和公路的行政当局，或者是地方军事长官，都不能使用方形的图章，而是使用特殊的长方形的印章。

从法律上说，任何一份国内的文件都必须盖有这样的印章，盖章的同时还必须有印章掌有者的私人签字，这就说明这个人已经认真地读过并且同意，这样它才能生效。它能使合同或商业协议起到法律上的有效作用。但在中国古代的某些时期，如果文件上只有印章而没有签字也是可以的，这种习惯在700年前蒙古人统治时期的元朝很盛行。由于那时的蒙古籍官员不懂中国汉字，所以在文件上只盖一个官印，对他们说来是很方便的。但是以后，除了盖章还要签字，已成为本人的一个印记。即使那些不会写字的人也不能仅仅只画一个十字。但是中国人更喜欢口头的协议，它比起复杂的文字条款更加能够被人遵守。

如今，人们就这样在他所信任的某个团体的组织下，带着盖有无法涂改的当地政府官员的官印的文件，开始了到公路去做工的长途跋涉，如同当年到缅甸。这是一支奇特的行军队伍，包含着各种各样的民族，他们的各式服装大部分都是用蓝色土布制作的，其中只有很少的男人是壮劳力，其他都是妇女和老头以及很多很多的孩子，孩子们都带着自家的宠物：狗、鸡和长尾巴的小鹦鹉。在一些傣族地区，那些跟着大人来做工的孩子还带着猴子。

沿途都是荒野，环境恶劣，旅途非常艰苦。他们出没于峡谷群山，在荆棘丛生的小路上与毒蛇、昆虫为伍，晚上宿营时常常听到野兽的嚎叫。只有像这样的人才能在这里生存。千百年来，他们祖祖辈辈已经习惯于在这样极端恶劣的自然条件下艰难地过着贫穷、简单的日子，从不知世上还有真正舒适的生活。

这里高山上温度的变化常常很大。白天在（华氏）75度到90度之间，而到了晚上则降至（华氏）50甚至35度了。

大部分时间他们沿着公路走，许多人都患有支气管炎、感冒和肺炎。女人们承受着更大的压力。到了晚上，只好临时找个让她们和孩子遮身的掩蔽地，而男人们却在公路边自己挖掘的土坑里过夜。

有些地区没有可以用于烧火的木材，他们只能收集所能找到的灌木枝和枯草来生火做饭，这些篝火快要熄灭之前还要给孩子们取暖。

疾病有时非常流行，必须进行专门的调查研究来对付它。我们发现男人们穿着那种很短的云南裤子无法御寒，在土坑里睡觉往往不盖任何东西，我完全不明白，他们为什么不能使自己在休息时更舒服一点？通过了解我很快知道：这些可怜的人们穷得全家只有一条被子。如果有人离家外出，被子必须留给妻子和奶奶。如果是妻子外出，那么被子她就要带走给她自己和孩子们用；总之，丈夫只能在地上睡觉。当我知道了这些事后，心里异常痛苦，并为自己原来没有更多地了解他们而羞愧。

很多疾病来源于水。他们有时也知道饮用没有煮开的水有危险，由于干渴，他们还是喝了。通常宿营地都选择在小溪边，一到天黑，总是有人直接跑到小溪边喝水。他们在干燥炎热和灰土飞扬的山区行走了整整一天后的干渴程度是可以想象的。不管有没有道理，他们总认为用天然的冷水来解渴比开水要好得多。

在这一地区，天然水不仅会引发痢疾一类普通的疾病，而且还存在引发一些怪疾的危险。大部分小溪都是从遥远的山巅流下来的，途中往往流经对人体不利的容易产生化学有害物的岩石和土壤。

我们有位职员梁树高（译音）叫人在公路边的一个地方竖了一块石碑。碑文是这样的："无论是谁，只要喝了这里的水就不能说话。"我以前在历史书里读到过类似这样的"哑泉"的故事。所以我一次又一次地警告工人们要把水煮开才能喝。尽管如此，还是有些人喝了生水。警告逐渐被证实了，那些不听劝告而喝生水的人嗓子真的开始沙哑，几乎不能说话。这就说明警告是有科学根据的，在水里有一种化学物质对人的声带起到某种麻痹作用。有些地方，喝过这种水的人要延续几天到几个月才能说话。

劳动大军的迁徙不乏悲壮色彩。许多人死在途中。许多人到达后患病，需要治疗才能恢复健康。但是没有一个人中途返家。尽管遇到这样那样的困难，他们始终士气高昂。其中有许多人没有被招募，是自愿来的。因为他们深深懂得这条路对中国将意味着什么。一些人甚至拒绝领取工资。另一些人则坚持自己带饭。他们充满着爱国主义精神和乐观的情绪。

公路修筑时间，我和工头以及工人们有过很多次交谈。发现他们说话的风格很高雅，带着古典的传统，言语间流露出古文中的修养和精神。而且我从没听过一句怨言，从没任何人说他累了。

他们中的许多人没有文化，既不能读也不能写，但是竟能用如此高水平的古文训条来表达他们的意思。这是从他们祖辈那里一代一代口传继承下来的。就是这些人，用这样的方法，将中国的精髓保留了若干世纪；他们是中国最有价值和最丰富的部分——民族的栋梁。

他们的思想非常灵活，因此可以从西方世界吸收一些有用的，如机械学的思想，同时不放弃自己的传统。

当劳工们到达他们被指派的工段时，工段长或是他的助手早就等待着接受他们：检验他们的文件并按

48

清单清点人数，看看是否有人不在；最后将保险费付给在途中死亡者的家庭。

在他们到达后的几个小时，就开始工作了。我们无法提供住房，他们就像早年美国西部的拓荒者那样，在荒野中建造临时住所，用树枝和草建造那种单面斜坡屋顶的房子。住定后，还利用每天的工余时间开垦荒地种植蔬菜。

他们的生活如果按西方人的标准来看，真是艰苦异常：每天除了服苦役外，什么也没有。这和那些同样为了战争而辛苦工作的其他国家的人民截然不同，因为后者在工作之余仍然有娱乐的设备和机会，甚至还可能有周末假期。

为了能让劳工们有假日，这对我们公路运输管理局来说是件很苦恼的事，50年来中国实行的"星期天"制度，仅仅是对政府官员、学校、工厂和一些公共组织而言，而占中国人口80%以上的农民从来没有机会享受这个制度。自从他们进化为农业人口以来，就一直遵循着一种中国古老的历法，即"阴历"，安排农业生产活动和自己的日常生活。在阴历中是没有周末休息日的。而七天一个休息日的西方历法对他们来说是没有办法享用的"进口的洋玩意儿"。

阴历中一年仅仅只有九天的假日是被普遍承认的。这包括中国新年的五天，这时主妇们不能做饭，免得她们打扰灶神（我觉得这个风俗肯定是由一个非常聪明的中国主妇创造的），以及四个季节的假日。一些地区的人也遵循着古代中国的三个每月的"沐浴日"，这就是，每月的一号、十号和十三号，在这些日子里可以洗澡和娱乐，但是通常是洗澡。

人如果没有休息日就不能有效地工作，工作之余应有必要的娱乐来调节情绪。所以我们希望，如果劳工们愿意，他们可以工作十天休息一天。但他们更急切的是继续工作，仍然将传统节令或他们祖先的生日作为他们仅有的假日。

工作从早晨8点开始，也就是晨雾刚消散的时候。中午停工吃饭，然后继续工作到下午5点，这时他们要回去吃晚饭。

有些家庭有不能上工地干活的老人，这些老人就在家里或者工棚里做饭。如果家里没有为他们做饭的老人，劳工们就必须在他们结束了一天的工作后回去自己做饭。

招募来的劳工们头个星期在公路上干活时，准备的大米就大大不够，因为他们的饭量几乎都是原来预计的双倍。这当然是因为贫穷，使得大部分人家里根本没有多少口粮。现在他们当然不会放过机会，用在他们看来是稀罕的东西——大米来拼命填满他们的肚皮。不久以后，他们的口粮消耗就下降到正常水平。

他们的口粮，主要是大米和少量的蔬菜。蔬菜中一年四季都必须要有红辣椒，辣椒在这个地区就像是其他地区的盐一样，是最基本的调味品。中国有六个省的人最爱吃辣椒：云南、贵州、四川、甘肃、广西和湖南。其中湖南人吃得最厉害，就是辣得流泪也要吃。辣椒具有双重作用：清毒和刺激食欲。

有时我们也尽量想办法为劳工们提供一些他们视为珍品的食物。这就是羊奶制的奶酪，云南人叫乳饼，他们非常喜欢这种有点像乳酪霉菌制作的食品。

由于他们一直进行繁重的体力劳动，我们必须为他们提供肉。中国是很少杀牛的，因为它们是有劳动价值的动物，一般说来，猪是提供肉类食物最基本的动物。

但是我们必须从很远的地方把猪运来，很麻烦。同时中国的猪不像欧美的那样肥壮、温和和懒惰，它又高又瘦，腿长而又壮，这是因为在贫穷的中国农村，没有多少饲料可以像欧美各国那样提供给家禽和牲口，就让家禽和牲口自己满山遍野的乱跑寻找食物。所以，长期的户外生活使得它们野性十足，甚至也像山羊一样疾走如飞。

当我第一次到美国时，到处都能看到猪。使我十分惊异，因为我记得美国一直大量进口中国的猪鬃，而美国自己也有大量的猪。后来我才明白，由于包括猪在内的中国家禽长期在野外生活，使得它们都长有又粗又长的鬃毛以抵御各种各样的恶劣气候。而养尊处优的美国猪的鬃毛松软稀疏，没有多少用处。

试图驱赶成群到劳工营地的猪也是很头痛的事，它们四处跑乱。只好将其四脚捆住弄到车上运输。由于卡车的震动又容易使它们生病，这样死了很多。最后，我们用竹条做了笼子来关猪，一个笼子关一头猪，猪关在竹笼里不能乱跑，这样就减轻了运输途中的震动。当车到达后，再没一头猪生病了。

对于天黑前留在工地上的人来说，没有什么娱乐消遣。男人们打着盘脚坐在自己搭建的茅屋里聊天或者是用根长竹管吹曲子。女人们就做针线活。孩子们常常带着他们的宠物玩到天黑。

然后，就上床睡觉，因为没有用来照明的油，想多待一会儿也没有办法。后来劳工们在附近发现一种奇怪的松枝可以慢慢燃烧，并发出微弱的噼啪声。但它容易点燃草屋引发火灾而不得不严禁任何火光。于是，晚上就真是一片漆黑了。

劳工们几乎都是佛教徒，每个家庭都在自己的茅屋边临时建一个神龛。每月的十五和十六号，都要在这里举行比较隆重的参拜仪式；平时因为要工作，往往只能一大早在神龛前简单地拜一拜。

许多工程技术人员都是来自于沿海省份，都习惯那里比较舒适的生活。现在算是倒霉了。同样住在自己搭起的茅屋里，吃着和劳工同样的食物。尽管这样，一切看来还算顺利。

不久就出毛病了。有些地方政府官员在招募工人时很不负责任，招募来的工人工作了两三个星期后就说已经尽了自己的义务，扔下工作回家了。他们另外一些老乡受了影响，继续再呆两个星期后也跑了。就这样，一伙又一伙的劳工消失了。

他们完全不了解，我们也没解释清楚。没有等到新的劳工来接替之前，他们是不能擅自走的，这将延误工期。原来我们准备在新的劳工到来之前更好地培训他们，使之更加熟悉工作，同时也可以引导他们更好的保养身体，更能胜任体力劳动。但他们错过了这个机会。

为此，我打报告给省主席。不久龙云将军马上颁布一个严厉的命令：任何人在分派给他的工作干完之前不准离开。我说："如果好好干，管理局可以给劳工更多的钱。提前离开，这样钱也就不能再给了。浪费时间、浪费钱就等于是背叛祖国。"

我们反复向劳工们强调工程进度。我们告诉他们："工作量是额定的，谁都不能改变。完成每项工作所需的时间都仔细计算过，其中还包括可能延误的时间。所以你们完全可以在预定期内完成任务，除非特别懒惰。多劳多得，早完成早回家。如果不能按时结束工作，那么，他的家人就必须来帮助我们干完他没有完成的工作。"

就这样，工作开始有了进展，从一个工段逐步发展到另一个工段，从个别工段发展到公路全线。我们制定工作制度、审核办法，那些老实肯干而获得更多的劳动报酬的人，受到那些只想多拿钱少干事者的嫉妒。因此必须赶快建立我们祖先就有的奖惩制度：表扬那些工作很好的人，同时给予他们一点礼物；那些仍然懒惰的人，只付给他们工钱的一部分；要求劳工必须完成工作量而不管他们是否希望得到足够的食物以维持生活。

在劳工和工程技术人员之间的一些摩擦也引起我们的注意。劳工长期生活在和外界隔绝的环境中，缺乏正规的工作训练，对政府的每个官职员都有些恐惧。在另一方面，一些政府人员也很看不起作为他们下属的劳工，还毫不掩饰他们这种高傲的态度，这使得工人们感到很自卑。

我们要求工程人员，必须要以平等友善的态度来对待这里的人民和劳工，应该理解，当地百姓没有受教育的机会，多年来无法改变的环境闭塞使他们难以懂得文明礼貌，这并不意味他们该低人一等。

工程技术人员的态度完全改变了，开始在一个平等的基础上和劳工们肩并肩地干活，尽快学会一些对劳工表示体贴的礼貌语言。在劳工看来，对提高工作效率，这些语言有时比付更多的工钱更加有效。热心的合作是不能用钱买得到的，但可从相互尊重中获得。工程人员逐渐了解了劳工们，更加尊重他们。同时劳工们从中也得到了鼓舞，情绪开始高涨。

到达工地之后的 30 天内，工人们是按以下安置方法来干活的：每件事我们技术人员和工头都要交代清楚，双方还要签字；每个工作面上都插有一块木板，上面写着劳工的人数、来自什么地方、工作完成了多少和花了多少时间，每个人可以得到多少钱等等。由于许多工人不识字，无法了解自己的工作情况和可能的收入。于是，一种在城镇里居住专门为不识字者代笔的人，开始在工人们中活动，他们摇着铃铛，给劳工们讲解黑板上记录的个人收入情况。

现在，每个人都努力干活，甚至包括孩子们。因为他们知道只有努力，才能有好的收入。大一点的孩子们帮助大人们砸石头。其他更小的孩子就搬运石子，或者干些更轻的活。

在公路路线将要到达的地方及它未来的宽度，都插上一些木桩并在上面写上一些数字和记号。这些都是图纸上的符号，工人们无法看懂。为了使每个工人都能懂得，工程师首先要教会那些负责每项工作的工头如何看这些图纸，然后由他们向工人们解释，这样，每个人都懂得它了。这样，工人从每天工作进度记录，就确切地知道他们完成了多少，也很快领会了，他们的工作应该到什么地方才算完成——就是干到木桩上所做的记号的地方。他们都很朴实，并不意味愚蠢。

公路线上的每棵树都要砍倒，树根也要挖出来弄到路边。挖树根都是手工活，沿用由来已久的方法，用一根撬棍和一根绳索。两个或三个人利用杠杆原理用撬棍撬；5 个、10 个或者 15 个，甚至更多的人用绳索拉。这个工作由一个工头指挥，配合着劳动号子，大家齐声协力，就好像是一个人。

清除路面的工作有许多小故事，人与人之间的小摩擦也不可避免，比如砸伤、撞伤、抓伤和被一些奇怪的小昆虫咬伤。但是他们都是农民，早已习惯这些，根本不在乎。清除路面的工作完成以后，最后再设立一个官方的石碑，刻上一些文字，作为公路一个永久的纪念标记。

在清除公路障碍的无数日日夜夜，劳工们用非常原始的农业工具如镐、锄头和鹤嘴锄完成了艰难的工作，这些无数镐、锄头的痕迹在有些地方是非常清楚地留在了工地。劳工的工作痕迹也在一些地方给旅游者留下了深刻印象，它和耸立路边官方制作的石碑并存。

运土的工具是竹篮子，这样的竹篮在中国其他地方也有。有的地方，人们是用手提着它，有的地方，是用扁担悬挂两边。这种方法是艰苦的，但没办法让他们改变。

他们一直用镐和鹤嘴锄挖土，再用竹篮子运土。有时要了解还有多少土方要弄走是非常困难的。为了解决这个麻烦问题，路上每隔50～100米我们就在地表面堆个有一定高度的土堆作为这里还要挖多深的标志。

每个工人搬运了多少立方米的土由工头来估量。在这之前由工程人员对一个路面的土方总量进行计算，也用中国专门用来算账的算盘进行，可以比计算器更精确。

有些路段要把很多的泥土和石子运到路面做路基，并将土石充填夯紧。干这个工作要用一个原始的工具叫"夯"，这个名字得自它碰撞地面所发出的声音。"夯"不是一个实心的、溜圆的木桩，这样就不可能掌握它。它的头和底部都是用圆的实心木制的，而中部四周有四个细木棍，作为两个人操纵的手柄。

操纵夯的两个人必须来自同一个地方，能唱步调一致的夯歌：第一个人唱，然后第二个人就要小声地、简单地用短语配合，相互鼓励，就像这样："加油干哟（夯）……咬紧牙哟（夯）……举起来哟（夯）……不要怕哟（夯）……"

常常有数百人在同一个小地段进行着夯实路面地基的工作，所有的人都在用自己的方言唱，所有的夯都同时砸在地面上。每组的第一个人所发出的高音像是合唱的指挥一样领导着他们。这是一种动人的场面和更加动人的声音。

路基夯实以后，有一段时间、特别是雨季会使路面自然变形。变形以后再加固，路就比较好了。但是由于没有时间，我们必须马上平整路面让车辆通过，这就是以后公路为什么有这么多麻烦的原因之一。

铺设路面需要很多石头，大的和小的都要。但是，有些地段，特别是在泥泞山区的傣族地区，石头是很难寻找的，有时要从遥远的河床一块一块运来。那时几乎每个人都参加到搬运石头的工作中来。无论是女人、老人和孩子，每个人根据自己的能力来搬运。

中国有一句老话："如果做某事太慢，还不如干脆停下来。"这对某些人和某些事可能是这样。但是，我们搬运石头的工作正好相反。你可以想象一下：在绵延数公里甚至数十公里的山间小道上，一条长长的搬运石头的人流，好像是许多蚂蚁在搬运食物或是它们的卵，运动的路线就像是一条无限长的锁链，这样的活动在中国已经延续了好几个世纪了，建筑神庙和古老的城墙时都是这样。

从某种意义上说，当地的工人都是熟练的工人。他们当中有手艺人，如木匠和石匠，从他们的行业角度看，甚至可以说，他们具备着高超的技术

特别使我惊奇的是石匠的许多独特的方法，这些方法已运用了数百年，对于现代建筑仍然非常有效。那些木匠都是老人了。自从辛亥革命以来，这一地区没有兴建过什么大型建筑，也就没有多少年轻人有机会学习这些手艺。

这些工匠都是靠农耕维持生活的。手艺活对于他们不是最重要的，这就如同在中国的一些地方专业的音乐家也是理发师。

各地的石匠，都从事过一些诸如修筑城墙、神庙和石拱桥之类的手艺活，许多房屋同样也有装饰性的石柱，每一个坟墓则有雕刻的石碑。整个中国，到处都留下了石匠们辛勤劳动的痕迹。今天，无论任何动荡，军队、学校、急救医院、行政单位和军事司令部都有可能将驻地安置在由石匠们赋有灵感的双手建筑的神庙里。

公路建设中，石匠们修筑了数十公里长的保护路面的加固墙。他们用拿着锤和凿子的双手把石头切割成非常精确的方形或者长方形，只用自己的工具，有种特别的凹锤是祖先传下来的，运用起来非常灵巧，

用它来准确有力地敲击凿子的顶部。

每个石匠还带着他们自己的小小的火盆用来给凿子淬火。开始我完全不懂，后来他们给我解释，当凿子有力地撞击岩石时会产生高温，凿子就会软化，锋利的尖端也就开始变钝。把凿子放到火盆里烧红，然后再把它放进菜油盆里骤冷，可以恢复它原有的硬度。

我们原来打算在公路防护墙上使用水泥。但石匠们既没水泥又怀疑它的功用，并坚持用自己的材料。他们有两种材料，一种是用石灰水、沙和泥土制作的中国式的灰泥，如果使用在干燥的地方，其可靠程度特别令人惊奇。另外一种灰泥是用高温焙烧过的红土和木炭，与石灰和沙搅拌，就可以在水里使用很长时间。经过进一步的试验，证明其具有很好的化学稳定性，这一地区的红土铁和铝的含量非常高，在水里有很好的粘固作用。当这样的材料都准备好了以后，他们很快就干了起来。

那些通过我们严格测验的刚强老工匠，沿着公路边的险峻河岸修建防护墙。他们必须站在一个用绳索拴着的木板上在空中像荡秋千一样地工作，或者站在约有 50～100 米高的来回摇晃的木板或竹制的脚手架上。大石料和装在木盒子里的灰泥就放在他们的脚下。

高空作业需要丰富的经验，他们曾经建造过宝塔，但其离地面的高度只在 20～40 米之间。因此，从第一天开始他们就必须从头学习。如果从上面掉下来受伤和死亡是很自然的，但危险并没有使他们害怕。当然，这样的工作收入也是很高的，几个星期的工作收入超过他们干农活数年。可惜，他们拿到钱后，除了少数人用来买土地外，大部分人往往到酒馆喝过量的中国高度白酒把钱挥霍掉。

正如我所说的，我们原来希望雇佣有责任感的汉族工人，但是在公路沿线的许多地方雇佣的劳工都是边疆土著。他们在与世隔绝的环境里生活了几个世纪，是一些独特有趣的人民。现在他们也为现代交通线的开通做出他们的贡献了。他们包括傣族、倮倮族、藏族和狩猎部族。

所有的这些边疆民族最初可能都是居住在西藏高原，几千年之前，沿着大河南下。傣族可能是顺着澜沧江、怒江和伊洛瓦底江下来的。一些倮倮族和回族可能是沿着漾濞江下来的。今天，他们的后代都生活在这些江河两岸不远的地方。在某些地区，他们和马来人通婚，而在另外的地区，他们继承了血统纯洁的家系和父辈的风俗，所以很容易辨认。

倮倮族①是一个居住地比别的民族海拔高许多的高山民族。他们简朴、坚强，但没有文字，不过他们保存着一种独特的文化，特别爱唱歌。在整个民族中，女人占着重要地位，舅舅受到崇高的尊重。大部分男人成天忙碌于狩猎和农业，只有女人可以到公路上干活。

倮倮族妇女个头不高，但很健壮。任何一位倮倮

---

① 根据作者后面描述的妇女之服饰看，显然是指解放前称为"民家"的白族而言。——编注

女人用一条皮带托在头上就能轻易搬运一块重达80公斤的岩石。她们很爱干净，总是穿着一件在袖口和领口有着美丽刺绣的雪白短褂，上面精心装饰着用薄银片包着的当地宝石。但是她们毫不在乎工作中的粗糙、泥泞和肮脏。当她们第二天出现在工地时，身上的污垢早已洗得干干净净。

彝族（倮倮族）在公路上劳作

由于白天在家忙家务，所以她们愿意晚上来工地上干活。在月光下，隐约看得见她们干净衣服上的白色部分在闪烁，她们边干活，边唱着她们自己的传统歌曲，那是一幅多么美妙的图画啊！这些歌曲全是民歌，歌唱太阳、月亮和江河，有时也唱一些简短的情歌。

傈僳族妇女刚来时非常害羞和胆小。我们总是想办法鼓励和增强她们的自信，逐渐使她们变成了非常可靠的熟练工人。

石头是要按照一定的规格进行切割的，问题在于怎样使她们理解这个规格。她们对于英寸或者公分的度量单位完全没有概念，只能用她们熟悉的方法来解释它。我们先用类似鸡蛋大小的石头进行讲解，她们马上就指出鸡蛋也是有大有小的。我们只好在无数的石片上用红漆画上标准模样，然后用绳索拴着这些小石子分给她们，要求她们按照它的大小敲石头。这种方法不是很好，因为她们在敲石头时要花很多的时间来和这个模型标记比较，然后再讨论尺寸的大小，根本不能很快地完成工作量。这些有颜色的石头逐渐消失了，同时我们发现她们把它们带回家给孩子玩。

最后我想出了一个方法，要她们制作拇指和食指大小的竹圈，告诉她们凡能通过这个圈的石子就是合格的。这个方法很简单，她们很快就掌握了，从此她们敲打出来的标准石子就跟一台石头破碎机制作的一样。也许她们受到的教育和训练很少，但是她们都很聪明。虽然她们不懂英寸和厘米的计量，但她们完全懂得一立方码（0.765 立方米）的一堆石头就是她们一个工作日必须干完的活计。在公路建设中,由于我们是使用英制的长度单位,所以我们使用了一个特别的结构成为规定的计量单位:半英尺宽、一英尺(1英尺 =0.3048 米)长刚好就是一立方码(0.765 立方米)。在傈傈妇女的帮助下,我们制作了许多这样的木架子。为了使她们心中有数,我们告诉她们,用石子装满这个木架子就是她们一天的工作量。工作结束时,就用它进行检验。最后连孩子们都知道了这个数量单位。以后这个结构成了一个标准的计量单位。

在公路的一些地段,有的工人用大石头来欺骗我们,他们把一些不合格的大石头放在下面,上面铺上一层合格的小石子,就像那些沿街叫卖的商贩把烂樱桃和烂草莓放在篮子的下面。我们发现后,严厉处罚了这些人。

但检查傈傈族妇女的工作时,发现下面上面的石子都是符合规格的。她们根本不会用大一点的石子和破碎的石块来换取她们的报酬。敲好的石子在路边堆成整齐的小堆,就像送给监工的礼物。

她们都是很有工作效率的人。一个妇女或者一个孩子一天可以完成一个立方码的石子。首先她们用大锤把岩石砸开,再用小锤把它们砸小,直到符合规格。

这并不是令人满意的工作方式。大约有一半的岩石都因敲得太碎而浪费了。同时还发生一些小事故,许多人的手指都被砸伤了。这非常糟糕,因为一个人的手指还要做其他许多事。我们就设计发明一个自制的钳子，用火烤竹条使它弯曲成一个圆圈，然后把石头放在里面钳住。我们花了很多功夫让妇女们使用它，后来她们发现这个竹钳很有用，结果使许多人的手指得到保护。

在距离昆明257公里的公路路段地区，那里的汉族工人往往都住在峡谷里面。公路修筑时，我们把他们带到路边的营地里居住。但公路需要维护路面而向前延伸时，他们每天必须攀登一里半到二里山路往返于临时居住的营地和工地一两次。后来我们就雇佣居住在附近的傈僳族妇女来从事这个工作，结果发现她们做的工作就和她们在其他地区修筑公路时的工作一样出色。

这个路段高质量的维护工作都归功于一个有能力的工程师，他能吃苦。休息时间，他到遥远的高山上弄来一些高质量的建筑材料，盖了一座欧式的并铺着有光泽的地板的精致建筑，仅仅花了200美元。这是公路全线最舒适的工棚，当我离开此地时，仍然对它恋恋不舍。

在修筑公路的人民中，也有些是原始、野蛮的，特别是那些狩猎部族。他们有许多不同的部落和不同的名字。英国人叫他们"克钦人"。有些生活在缅甸的叫"那嘎人"（Nagas）。

这些狩猎部族，生活在他们山寨有数千年了，完全不和文明社会有任何联系。他们当中，一个人的社会地位，要根据装饰在他茅屋墙上的野兽头盖骨的数量来决定。

每人在童年时就得到一把刀，必须掌握保持刀的锋利和韧性的技能，直到他可以把刀弯曲成一个圆圈。他们个头矮而坚强，可以像猴子一样地攀登，眼光锐利得像夜里活动的野猫。

这种狩猎部族穿着有红色绣花的蓝布衣服。无论男女都有红色的嘴唇，这是长期嚼槟榔的结果。很年轻的人都是这样，所以，当他们长大一点时，他们的牙齿就变成褐色，最后变成黑色。

他们在腰、腿以及踝和膝之间，都紧紧箍着一个黑色的藤圈。这种习俗引起我的好奇，和他们的谈话过程中，我联想到诸葛亮的远征，断定这种多年前所采用的这种穿着式样，是某种类型的原始藤甲，被后代保留并演变了。直到现在仍有很大的适用性，当这些狩猎部族试图游过河流去掠夺傣族时，这种藤装可以用做漂浮工具。

新的总部

总部迁出昆明的决定已定，因为在那里太嘈杂、太拥挤、太昂贵，同时也太令人心烦。

接下来是搬到哪里去？我们无法承担建造新办公室的费用，必须寻找一个适合我们条件的地方。山城下关，地处滇缅公路全线的中段，总部设在那里，更便于掌握情况和进行管理。在那里，我们有间宽敞的马厩。在这之前，我们已经计划在向西北方向延伸的公路上使用马车运输，这是一种比较经济的方式。云南马非常小，其力量可能不到四分之一马力，且有被粗野的卡车司机挤出公路之外的可能。然而计划还是采用了。这个马厩是那时租的，现在空闲着，正可供我们用。这样就决定把总部搬到这里。

1939年1月，全体工作人员搬到下关。马厩破烂不堪，仅仅只有泥墙和屋顶的瓦保留着。我们重新涂上墙灰，铺上新的地板，安装大窗户保证有足够的光线。我想，原来的骡马肯定辨认不出它们的老厩了。

搬来时，安装了基本的设备，对于有效管理和保证工作人员的身体健康都是必要的，这些设备包括照明和工作用电、水井、电台和内部电话。新的办公室四周有树有花，有益职员身心。

　　这一切增加了开支，但换来工作效率的提高。保证工作人员的身体健康和工作环境舒适，想尽一切办法减少他们的工作疲劳，这是我的责任，他们对我的回报就是更好的工作。

　　时刻保持办公室的清洁，表面看起来很简单，实际是较烦琐和辛苦的事情，要求有特别的耐心。房东是位和我相处了十多年的老朋友，他的任务就是训练几个当地的孩子为我们打扫卫生，教他们走路要轻要快、说话要有礼貌，特别重要的，是要保持自身的整洁。

重新铺设路面的下关街道一景

67

我们无法让孩子们懂得保持窗户的干净的必要性，他们认为，有你在屋里能够看到东西的光线也就足够了。当告诉他们，仅仅使房子中央干净是不行的，每个角落都必须干干净净，他们都听从了，并愿留下来为我们做事。我们马上对他们进行很好的训练，不久以后，其他许多的单位都等待着他们毕业，为了更好的报酬可到别的地方工作。

另外，我们修建了铸造和机械车间、一个电焊厂、一个木工车间、车库和停车场以及用高压水的汽车清洗场。这同样引起许多其他单位的注意。我们的这些设施也不仅仅为自己的车辆服务。

下关与其说是座城市，还不如说它是座小镇，它郊区广阔的土地面积比许多城市都要大。它的名字得自峡谷之间的一个隘口。"下"的意思是底下，而"关"的意思就是隘口。这里自古以来就是军事咽喉要地。

从各方面看，这里都是独特和美丽的，下关具有四大特点。第一，风大。有个笑话说下关一年只有一次风，从1月吹到12月。暴风在夜间特别厉害，咆哮声整夜充斥耳际。当我们第一次到达这里时，风声使我们根本无法入眠。后来习惯了在这种巨大而单调的声音中入睡，没有它反而不习惯了。

在城里的街道上行走，我一直感到双脚被风吹动着。风总是持续不断地从一个方向吹来，平静的时间不过几分钟，好像是它有意停下来思索一下似的。需要说明的是，苍山19峰形成了一个高大屏障，挡住西南吹来的季风，而下关正处在风口上，因此人称"风城"。

我们利用风来为我们服务，建了一个风车为蓄电池充电，它运转得很好。那时我还想再建一个更大的风车发电厂提供照明，但是这个计划被日本人的轰炸打乱了。

下关的第二个特点是各种鲜花，其中有许多珍稀品种。这里的气候如此美妙，使各种鲜花生长得比其他地区的同类花卉要大二至三倍，山茶大得好像是盛菜的盘子。另外一些珍贵品种在别处是看不到的。在我们的生活环境中，各色玫瑰争奇斗艳，而那些白色或者金黄色的兰花，无论香味还是形态都完全可以和中国最有名的福建同类品种的标本媲美。

第三个特点是苍山的雪。山顶终年积雪，夏季也是白雪皑皑，十分秀丽动人。

第四是月亮。在一些季节里，可能是因为大气的关系，下关的月亮看起来和别处全然不同。阴历每月十五，月亮是圆的，晚上月亮慢慢从峡谷的黑色深处升起，映照在洱海看来是黑色的水面上，随波漂荡。凡是亲眼看到这一情形的人，肯定永生难忘。

农村的树林深处是打猎的好地方，有许多鹿，想去打猎而没迷失方向的话，最容易看到的，就是一种黄色的鹿，每只重达十余公斤。当地人有种驯服雌黄鹿的方法，并用它引诱其他的雄鹿落入陷阱。人们把黄鹿卖到城里，每只大约四十文钱。这里也有大量的雁，它们在空中发出似乎有些忧郁的叫声是人们非常熟悉的。

冬天，狼群闻到了食物的气味，常常徘徊在我们厨房门前。大多数厨师来自上海，从来没见过狼，认为可能是对人很友好的狗，就给它们吃的东西，然后想逗它们玩。当知道这些来客实际上是狼时，才怕得要命。在发现狼的日子里，晚上我们就要送女职员回家。

工程师们也抽空去帮助改善下关的城市公共设施，包括为全体居民安装一个防空报警系统，如同市政当局该做的那样。下关不在中国空军的防卫圈内，所以地方政府没有这些设备。我们必须为筑路和公路上的运输提供前来轰炸滇缅公路的日本飞机的情报，在人口稠密而本身又没有防空警报系统的下关，也就意味着我们的电台不仅要为我们自己，而且也要为这里的老百姓提供防空情报。有了通过电台获得的情报，还要安装能把日本飞机前来轰炸的消息传播出去的防空警报信号系统，要制作发出巨大声音的警报器，压缩空气和电力两者都不可缺，但我们的动力不够。

然后我们就考虑其他的方法。第一种尝试是在旗杆上悬挂大黑竹球，就像在重庆那样。一个球表示日本飞机正离开他们的基地；两个球表示飞机距离我们还有四五十分钟。在飞机到达上空前，这些竹球必须降下以免暴露目标。一面绿色的旗帜升起则表示"警报解除"。这是很有效的，除非人们没有注意到它们。

最后，这个方法还是被放弃了。我们在城里发现一尊古炮，就决定用炮声作为空袭警报，一声炮响说明日本飞机正在途中，两声炮响表示飞机大约距离下关还有200～240公里，三声表明情况紧急，也就是飞机马上就到。然而，下关风的咆哮声大大降低了炮声的作用，另外这种老式炮的装药量太大，必须拼命装填塞紧才会爆炸。大约要花费5分钟时间。一旦情况紧急，常常是最后的炮声才响敌机就已飞临上空。有时放炮的人在早上8点钟打响第一炮作为敌机要来的警报，而表示解除警报的炮声却是在下午5点才响，使得情况完全混乱，人们根本无法知道到底有没有空袭。

我们必须重新想办法解决这个问题，记得在一个广告上，我看到有家仰光的军需品商号产品目录，说这个公司拥有一种安装在车上的"礼炮"，发出的炮声3公里以外都能听到。于是，一个紧急订购两门"礼炮"的货单发出去了。货到时，我又大大失望了，它们仅仅是给男孩子们的玩具炮。不过我没放弃希望，努力找到它们的"炮弹"。为了避免我们工作人员的恐惧，我扛着炮走出办公室两三公里外试图打响它。最后它使我彻底失望了，这个玩艺儿所发出的声音还没有枪声的一半响。我们只好放弃这种玩具，承认失败，重新回到那尊古代大炮上。这尊大炮和打响它的方法虽然非常非常原始，但我们还是得到回报。一次，当一批21架日本轰炸机来空袭这个城镇时，它终于及时发出了警报，拯救了下关数以千计人的生命。

随着战事的发展，空袭警报变成了家常便饭。空袭频繁时，工作人员一天到郊外跑警报的时间大大超过工作时间。因此，我认为我们的办公室必须再次搬迁。

选择什么样的新地方合适？我随便翻阅了一下诸葛亮的书。有一次他指示他的幕僚："你们一般要选择一个前面临水、后面靠山的地方作为你们建立营地最好的位置。这样你们可以更好地进行防卫。"当我读到这里时，感到这个原则不仅仅适合对付地面的危险，而且还适合对付来自空中的威胁，当开始寻找办公新址时，我把这一点记在心里。

在个离洱海不远的地方，有处只有一些被人遗弃的小茅屋的地方，面临洱海、背靠苍山。它对我来说，已经非常接近上述所有需要的条件了。于是我们就来到了这里。

我们撕下茅屋里面的所有破烂的东西再装饰上我们所有最现代的装备。外面的行人从那些被遗弃的外屋和围墙边走过，还认为这是一个沉睡的小村庄呢。虽然下关的炮声不断发出空袭警报，但我们的职员们甚至懒得从他们的办公桌前站起来看一眼。诸葛亮建立野外营地的训条在日本飞机来轰炸中国的几个世纪之前就写成了，然而对我们仍然一样有用。

几个月之后，我们及时搬家的正确性得到了最好的证实。一天下午，日本飞机又来突袭下关，我们原来做指挥部的那座马厩被彻底炸毁了。但没有关系，我们早已搬走了。

工作人员和自己家庭之间隔着千山万水。不能和自己的家庭在一起，生活显得枯燥乏味。虽然工作十分紧张，又没有什么娱乐，甚至连收音机或留声机都没有，唯一的娱乐就是看看风景，但他们的精神仍然很充实。

在下关，我们关心的一个主要问题就是我们自己可怜的身体。头一年，我们要求医务人员对下关周围地区做一个流行病的统计调查，这还不仅是为了我们自己的工作人员和工人，而且也为当地居民。他们发现了主要的多发病是痢疾，然后是一种由于跳蚤的叮咬引起的发烧，最后是疟疾。

这个城市的中心有个很大的公共水井，大部分居民都饮用这里的水。井水的源头是高山上的溪流，途中经过一些村庄。调查显示那些村庄的村民们根本不区分饮用水和非饮用水，水流经这些村庄后统统流进了下关的这个供饮用的水井。

在得到村民的同意并筹足了经费后，我们开始在这些村庄修筑沟渠，建立饮用水系统。由于没有适合的材料，只好从我们运输单位弄来一些坏的和凹陷的汽油桶，用它建造了排水和供水系统，最后终于开始向下关公众提供干净的饮用水了。

下关的街道也是很不干净的，一下雨石头街面又脏又滑。必须首先掘开街面的石头，才能安装排水管道。我们向市政当局提出了改造这种烂泥石路的项目，由市政当局负责提供石头，我们提供工人。这样下关城有了一个很大的改观，也使我们有了一个报答下关人民的机会。

随着交通的开放，下关成为一个喧闹的、别有一番风味的国际性的中心，对滇缅公路而言，也逐渐成了一个重要的中途站。有时一天就有 500~800 辆卡车排着队在此停留。

不同民族的人民在这里进行着亲密无间的联系和融会，相互友好地开着玩笑，完全理解对方表达的每一个词语。

下关为来往的旅客修建了现代旅店，但是每一个民族都有自己特殊的难题。比如从西北方向来的印度司机大部分都是穆斯林，不喜欢在室内睡觉。他们就在野外自己做饭并从投机商那里租来铺盖睡住在野外。

面对市中心的喧哗和混乱，我们庆幸自己的办公室已搬到远离那里的湖边，可以尽情地享受宁静和孤独。

泥泞和疟疾

从龙陵向西，到缅甸边境有 137 公里，是傣族人居住的地区。在这风光绮丽的地方，我们面临着巨大的困难，麻烦事几乎都是大自然带来的：每天不停的雨、令人窒息的酷热和潮湿、泥滑的山区，最令人头痛的则是疟疾。这里疟疾无处不在，如果说在其他地方疟疾是一个很讨厌的疾病的话，那么在这里就是能致人于死地的恶魔了。初期，由于我们没有良好的医药和设备，大多数被疟蚊叮过的人都死亡了。后来，即使在一年 5 个月的旱季，配备了良好的公共卫生设备并有适当的医疗条件，疟疾患者的死亡率仍然高得可怕：8000 名患病者中仅仅有 500 人能从死亡中幸免于难。

由于泥泞和上好的石灰石不足，工作进展十分艰难。第一个障碍就是三台山，这里异常泥泞，令司机们十分头疼。卡车的轮胎常常陷在陡峭的山路上的泥泞中；途中抛锚荒野是非常可怕的事，因为没有吃饭和睡觉的地方。

这些山带给我们的麻烦，就连蒋总司令都知道，他还特别电告我们是否考虑挖凿一个隧道从下面穿过，但被证明是不切实际的。为了在山上改变一些急转弯的道路，耗费了3000名工人5个月的时间。

另外，除了疟疾、雨以及炎热给工人们带来艰难痛苦外，在一些运输困难、物资匮乏的地段，向它运送各种各样的材料也是一场考验。

傣族地区的土壤肥沃得简直令人难以置信，所以几百年之前他们从来，甚至根本不知道在耕地里还要施肥。和云南其他多雨地区一样，这里不需要建筑沟渠和水坝，因为雨季已经提供了所需的水分。大米是这里的主要农作物，容易种植，质量比有名的苏州大米还要好。

就是由于这些原因，傣族人生活十分轻松悠闲。他们很不适合从事像筑路这样的艰苦工作。由于男人们要在地里劳动，女人们要照看他们的家，只有12~20岁之间的女孩子可以为我们工作。

傣族女孩子都有细腻的皮肤、鲜丽欢快的脸颊和嘴唇，很小就在地里玩耍或从事非常轻松的劳动，得到很好发育，因此非常可爱，以天性的善良和崇高的精神，竭尽全力地忠实工作。但是，由于从未受过从事艰苦工作的训练，工作仍然不能令人满意。

当地人的习惯是一天只吃两顿饭，时间是上午9点和下午5点。傣族小姑娘带着在家里做好的饭来做工，不能在上午10点以前来到工地，而在下午4点就要回家。我们让她们做一些轻松的工作，诸如打碎石头并把它们和泥土用竹篮运到路面铺设等等。

随着工作的进展，招募的工人来自不同的民族。

我们故意让汉族工人和他们一起工作。这些少数民族干活很卖力，总是张着嘴笑，并且总是伸出大拇指，说"顶好"，意思就是"我是非常好的"。这是每个美国人来到中国时所学会的第一个汉语的表达方式，这就如同每个中国人在初次和美国人打交道时所学到的"OK"一样。

傣人表达意思的手势看来很别扭。开始时他们很怕外人，总是比其他人搬运多两三倍的重物，干活则根本不用我们教给的方法，干完活就早早地离开了，最后就再也不来了。傣族女孩子们干的活就更差了。在她们看来，近万名汉族工人干的重活简直是不可想象的壮举。

傣族地区管理劳动大军的，通常是宣慰使或是当地头人，这和其他地区由当地地方行政官员进行管理不同。宣慰使可以随心所欲地指使傣人，实际上把他们当成奴隶。这个地区盛产稻米，普通的傣人都必须把稻米送给宣慰使作为贡物，然后宣慰使再根据他的看法分配给人民大众。为了既不产生富人又没有乞丐，分配必须非常公平。但这样的制度使得人民只有很少的自由。

宣慰使就像一些小国王，往往是早期汉人征服者的后裔，并继承着统治权。他们的等级比那些代表云南总督行使权利的当地行政官员要低。一些宣慰使是明智的，具有外交才能及学者气派，当然也有懒惰和无能的。由于要和他们磋商事务，我常到他们的家去拜访。在那里，我常被他们生活风格所表现的东方文化和西方文化的古怪混合所打动。宣慰使的父母要求他们通过严格的考试，自己也操一口流利的中国官话，汉语写作得心应手，并且通晓中国政治体制的各种仪式。

在当地市场上的傣族姑娘

他们生活在宽敞豪华的房子里，屋里放满了他们从祖先那里继承下来的各种具有艺术价值的美丽摆设，他们都穿着最时髦的欧洲服饰，驾驶最新款式的欧洲轿车，许多人都拥有冰箱以及类似的现代产品。

他们的这些西方风格大概得自于缅甸。在滇缅公路开通之前，他们到仰光旅行比到昆明更容易，他们只和其他家族的宣慰使近亲通婚，包括缅甸那边的宣慰使家族在内。因此中国的宣慰使的许多生活方式是从缅甸的宣慰使学来的，而缅甸的又是从英国临摹来的。

这就生出了一些让人哭笑不得的举止，诸如：男士常常穿着燕尾晚礼服出现在各种场合，无论是否适当。记得有次我和一位同事到一个宣慰使的家里做客。他刚刚弄到一个镶有象牙的金黄色餐盘，急切地想把它拿出来炫耀。他不顾这样一个严肃正式的小型宴会，进入饭厅马上敲响那个餐盘要我们去吃饭。我们不得不告诉他，这样的餐盘只适合在更大的宴会上使用，对于我们两个人来说就太夸张了。

公路经过傣族地区的工作开始于1937年冬，当时整个旱季还有大量的汉族劳工参加，即使这样，工程进展仍然十分缓慢而不能令人满意。到了1938年4月，也是雨季正式来临的前夕，10000多汉族工人，包括最后一人都走了，工程全部停工。

在保山附近，一座石碑上雕刻有这样的名言："在雨季，即使鸟也不能飞过傣族地区。"这是由于疟疾的威胁，因为雨季是疟蚊最活跃的季节。数千年来延续的传说向世人表明，雨季期间没有汉人敢停留在傣族地区。由于有这些传说，我们的劳工不可能对这种致死的疾病无动于衷。那座石碑是强烈提醒人们的可怕警告。为了不影响士气，我们把这类石碑移开了，从此在公路上再也看不到它们了，但是我们不允许破坏这些石碑。由于传统的影响是如此根深蒂固，使得劳工们根本用不着我们提醒，没有人，哪怕是碰它们一下。看来在这一地区的施工只能限制在旱季了。

那时，我们总部还设在昆明，有大量要解决的棘手问题，而这一地段已经变成全路段最突出的障碍了。1938年11月，我决定出来看一看能否想办法加快这里的工程进度。

这一地段的路面非常粗糙。汽车要通过一条窄窄的通道才能颠簸向前移动。冬季施工进展缓慢，总是落在计划的后面，尽管情况紧急，我们却没有办法使得这里的进展加快。棘手的问题必须马上解决，没有重型机械，没有工具，甚至连提供工人们起码的食物和住房都没有。

傣族人的房屋已经很拥挤了，而且长期以来，傣族和汉族相互陌生，很不融洽。这里既没有现成的工人宿舍，也不可能马上为他们建造。从外面运建材则是远水不救近火。这个地区，没有一个人懂得制作砖头或瓦片。

起初，汉族工人睡在地上，大大增加了感染疟疾、肺炎、皮肤疾病和昆虫叮咬的危险。那时，他们使用稻草或者竹子建造他们自己简陋粗糙的小屋。这些没用防水材料的小屋在我们看来几乎不能居住，屋顶的用料成了昆虫的理想王国，而且那些稻草竹枝总是发出一种沙沙声，使人无法安眠。

食物的问题同样复杂，供给工人的大米必须从当地的宣慰使那里获得，但是他们除了保证自己的人外，没有更多的剩余。

稻米是本地工段的中心问题，我们没有机器来舂。傣族人是用原始的办法，也就是每天利用水流带动的磨来舂米。它每天舂的米只有一小满缸，几乎不能满足一个家族的需要。这个问题，直到几个月之后，我们获得了自己的舂米机才得到解决。

新的春节即将来临，远古的传统和灾祸的幽灵严重威胁着人们，许多工人不敢雨季工作，大大缩减了我们的工作量。这样，和疟疾做斗争的战斗就真正开始了。我发出医生和护士住在这里工作的请求，只有很少的一些人到达。药品也很有限，我们只能使用这些仅有的武器，来与削弱和谋杀我们工人的病魔进行战斗。

蒸发的水汽笼罩在丛林和沼泽上空的景观非常独特。雨停时，水蒸气在阳光下闪烁着奇妙的色彩，使人内心充满恐惧。我站在离地面两米的高处，四处飘浮着晨雾，我惊奇地感到在这些浓雾中几乎要窒息。"气毒"，对它们是一个适当的名字。气毒最厉害的时候是傍晚和早上5点至7点之间。在这段时间里，疟蚊活动最为猖獗。

这个区域有各种各样的蚊子，包括世界其他地区都能看到的普通黑色和黄色的大蚊子，它们传播着可怕的疟疾。除此之外，医生还发现了六种不同的小蚊子，其中那种黄色的、身体上有白斑的最危险，它们的叮咬十之八九足以致命。这两类蚊子会发出熟悉的嗡嗡声，小蚊子发出的声音小。它们总是徘徊在偶然发现的物体上空，然后落下来吸液体。这些小昆虫对人的威胁，取决于它们自己是否被感染。如果没有，它们的叮咬是没有危险的。

有一次，甚至连我们的医生自己也被感染了。他在对一个患者进行静脉注射时，一个小黄蚊子停在他的手腕上，使他成了疟疾的受害人。当时他不能把这个小蚊子赶走，这样做会使他的病人有危险，因为他要用双手慢慢地进行静脉注射，一只手按着注射器的手柄，另一只手握着注射器。他只好看着自己被叮咬。还好，那只蚊子被感染得不严重，这位医生才幸免于死。

我们发现，疟蚊活动的最频繁期是在雨季即将结束之时，云集在仍有湿气的稻谷根部四周。由于没有雨水，蚊子自身就没有清洗自己被病毒感染的可能。

若能小心，是不会有大的危险的，若不小心，睡在蚊子可以随意来临的地方，受它骚扰，就可能得病，特别是完全粗心大意时。由于及时宣传，大家对蚊子有了防范。有段时间仅有一人得病，因为他的茅草房受到疟蚊侵扰，幸运的是，他的同铺位的伙伴没有和他接触，及时请来医生。

有时，我们的医生发现用奎宁治疗致命的疟疾常常弊大于利，仅用奎宁在显微镜下发现细菌是很困难的。如果使用奎宁的同时也使用疟涤平，效果就好得多。在一次巡回治疗过程中，我们用奎宁和疟涤平来对付疟疾，通过有经验的医生的观察和运用，结果非常成功。

这个地区疟疾的产生是如此奇怪和致命，以致洛克菲勒基金会和国际联盟都在这里建立了据点，专门研究疟疾。一些奇特的症候令人不解，有时它完全和其他疾病相似，使你难于判断，突然爆发传染又难控制，像是有意向人类的医学成就挑战。

傍晚蚊子在四周活动是再平常不过的事了，人们往往无法觉察它的袭击。但是最可怕的事也许就要发生，一个人可能由于睡得太死而根本没有意识到疟蚊的叮咬。但他马上就会发烧，而且他的发烧竟如此频繁和严重，以致在他可以告诉其他人他的病情前，就已经神志不清。到了第二天早上，我们就会发现他已死了。

平时，工人们会感觉到疲乏、头痛、无精神或者关节痛等等，看起来是些日常小病，自己也不好意思报告这类事情。如果是疟疾，他们就倒霉了，除非立即进行疟涤平的静脉注射。

要让傣族姑娘报告她们什么时候感到不舒服就更加困难了。她们以为只有老天爷可以帮助她们。只有看到她们合掌祈祷、可怜地号哭请求神灵减轻她们的痛苦时，我们才知道她们已经得病了。有了大量的药品之后，我们也要花上好几个月的时间才能说服女孩子们，药物治疗比乞求神灵更有效。

在那些艰苦奋斗的日子里，我们几乎无法知道下一位患者又要轮到谁，仅因一点感冒或者蚊虫的叮咬，许多不可代替的工程师和机械师以及许多忠实的工人都死亡了，有傣族，也有汉族。无论工作多么繁忙，我们每次都要抽出时间为任何一位死者做个简单的葬礼。这些死者中，有许多是远离家乡的，如果时间充裕，我们总是优先考虑在寺庙里举行向死者告别的仪式。不过这样的机会并不是很多，我们只能做些简单的出殡菜肴和向死者的遗体鞠躬，保险金如实发给家属，足以使死者的亲朋感到宽慰。

情况发展得越来越恶劣，7月份最糟。汉族劳工除了25岁左右的壮年人外，其他人几乎都不同程度地得了疟疾、痢疾及其他痛苦的疾病。在不长的时间内，差不多一半的人在疾病骤然到来的情况下死去。那时，对于还活着的人，最难熬最痛苦的，是在寂静的黑夜，他们一个个默默地待在自己的小屋里和那看不见的恐怖魔影抗争。由于精神上无法再继续承受压力，他们前前后后都逃走了。

雨下得越来越大，面对可怕的疟疾和傣族地区世代传说的恐怖故事，我们不可能找到其他工人来这里代替他们。我们仍然不能放弃自己的工作。因为中国的形势越来越严峻和险恶，交通必须保持畅通。

傣族姑娘在芒市附近维护公路

综观整个筑路历史，尽管其他时期也很紧张，但这时可能是最黑暗的阶段。许多进退两难的痛苦抉择使我陷入困境，我根本不知道先干什么后干什么。运输是很繁重的，路段上还有许多路面非常糟糕，必须赶快解决才成。

山崩、桥和护路墙被冲毁的警号在这个路段几乎天天都有，还有一些行政方面的麻烦事需要解决。但是工作不能等待。我们必须继续进行，而我们不能没有劳工。

在这种时候希望得到更多的汉族劳工是不可能的。傣族男人又在他们自己的稻田里忙碌，如果受我们雇佣，他们就没有食物可吃了。傣族女孩子又不能干重活。

在这样的困境中，我们想出了一个可以尝试的解决办法，我的一个助手提出请居住在傣族地区的高山上的狩猎部族来帮助的建议。我在前面已经说过，他们以狩猎和劫掠为生，傣族人很怕他们。我勉强同意试一试，因为已没有其他办法。有一天，这个部族的头人说要来看看能否帮助我们。

这个实际上是龙陵的汉人，不知何故在多年前变成一个狩猎部族的人，以后又逐步成了他们的头人。他用那种走了调的云南方言和我们打交道还是比较容易的。

当得知公路上遇到的困难以及希望他的人来帮助时，他的情绪马上高涨起来。然后立刻回去召集他的部族人民。当他们都聚集过来时，他直截了当地对他们说："这是一件很重要的大事，中央政府都派人来要求我们帮助。我们必须帮助他们。现在你们该懂得这些人是你们的朋友，要很好地对待他们。如果需要猪、牛和鸡，可以任意问他们要。"

经过他的号召，我们得到了300名坚强、勤劳和熟练的劳工。由于他们的帮助，我们的工程才能继续，尽管雨季和疟疾仍然在困扰着我们。

起先，这些狩猎族的人和我们在一起是很小心和胆怯的。每天早上，从山寨默默来到公路上；晚上又悄然消失在群山中。后来，当他们发现我们非常信任他们时，马上就变成最容易管理和最可信任的工人了。

和他们共同工作的日子，从没任何不愉快的事件发生。每周都有一部马车穿越崇山峻岭到山寨，按时给他们送去作为这一周工作报酬的美钞。他们从没看过这么多的钱，这部送钱马车从未遭到劫掠。

随着时间的推移和相互的了解，他们也乐意在路边搭建茅棚居住，省得每天来回奔跑。工程部办公室正好就在他们宿营地当中。双方相处得很好，没有发生任何骚乱事件。

他们除了是很好的工人外，大部分人天生就有一种对疟疾的免疫功能，也许身体系统充满着细菌就像是一个接种疫苗的基地，也许早已知道如何对付蚊虫的叮咬。他们很少得病也使我们非常羡慕。

只有很少的人得病和死亡。他们用一种非常宿命的观点看待死亡，显得相当平静。在他们看来，这些死去的人在他们期待的时间里得到了上帝的召唤，是该高兴而不是悲伤的事。

情况慢慢开始好转，数千米的蚊帐布料从保山送来了，放在茅舍的熏蚊香也从上海运来，许多医护人员也从日本人占领区陆续到达，每位医生的身上都藏着一些珍贵的疟疾涤。

汉族工程师如何在雨季的傣族地区藐视传统习俗和疾病而勤奋工作的消息传到保山。保山人都被这些故事打动，有许多是曾经修过公路由于害怕而逃跑的身体健壮的小伙子，现在他们又开始回来了。不久，我们再次拥有了一支数量可观的劳动大军。

我的责任就是消除他们彼此之间的陌生感，尽可能使他们像在家里一样轻松愉快。在此之前，傣族人和汉族人是从不合住的。前者认为后者的地位低微。在辛亥革命前，一个宣慰使甚至要降低自己的地位才能去和一个中国官员会面，根据传统，即使是最底层的阶级双方也决不通婚。现在为了打破这些传统，我们鼓励汉族工人和傣族姑娘友好往来和通婚。

鼓励他们这样做，至少有三个目的：第一，相互来往可以更好地增进两个民族的了解；第二，男工们将更加安心工作，因为有妻子在工地上为他们做饭，而且伙食将比过去好；第三，如果他们相互之间有很好的关系，可使越来越多的傣族人来工作，可以补充劳工。以这样一种方法来获取工人，比宣慰使的方法更民主。

根据汉族的风俗，婚姻是由这两个准备联姻的家庭事先安排的，这对新人在婚礼前甚至没有见过面。新娘的头在整个婚礼的夜晚都被一块红布盖着不允许睁开她的眼睛，只有到了第二天早晨才能把眼睛睁开，看一看已经成为自己丈夫的这个男人是什么模样。

实际上这种惯例充满了人的智慧，其间有一种看不见和无法知道的梦幻般的美。代替这个最后的爱的就是婚姻，和西方国家一样。同时在中国的词典里没有"离婚"这个字眼。

在傣族地区并没有这种婚前男女双方不能相识的风俗。年轻恋人被允许有机会相互熟悉，然后，他们

再将自己的愿望告诉父母。青年男女的往来通常只在
日常生活的有限范围内，特别是在集市上相遇，在那
里每一个人都在买或卖东西。他们可以在被傣族人遵
循的古代中国四个季节的节日里频繁相会。在那些日
子里，少男少女可以和他们家人一起到森林里，用歌
曲和仪式来庆祝节日，这样他们就有机会熟悉其他家
的年轻人。

有些年轻人没有机会在集市上见面，因为许多家
庭都是在家里请客来庆祝宗教节日。

一年一度释迦牟尼沐浴日的宗教节日，男孩女孩
们都明白这是他们相互结识的最好机会。这个节日称
为"泼水节"。每人都有一个水桶和一束树枝，如果一
个男孩看到一个他中意的女孩，就尽情向她泼水，以
此表达内心的感情。如果这个女孩想要回报他的注意，
也同样向他泼水。到了这天的结束，最幸福的女孩可
成了一只真正的落汤鸡了，这表明她在异性中有相当
大的吸引力。当一对年轻人相互泼水时，跟随而来的
自然是谈情说爱和打情骂俏，他们从熟悉到求爱只有
一个很短的阶段。

这天还有许多欢闹，所有的费用都用在佛的身
上。西方人看来可能非常原始和天真。似乎完全不现
实的社会生活，的确存在于世界之中。父母也必须允
许他们的儿女有这种浪漫的特权，至少在一年的这一
天有。

傣族姑娘挑东西

汉族劳工在日常生活和工作中也有充足的机会和傣族女孩子们见面。一个普通的会面地点就是集市，女孩子们来卖蔬菜、鸡蛋、鸡、猪肉、盐，要不就是茶叶等等。人们沿着小河堤岸走，那里有傣族少女在洗衣服，或从水井里打水。在芒市，我们的医院前面有一口井，驾驶员和劳工总在那里停下来洗手，水井旁的空地就成了他们与傣族少女交往的露天沙龙。有时双方会突然在一种戏剧性的情况下相识，例如：当山崩或者面对突然从公路上冲过来的卡车时，工人会英雄般地将傣族女孩子救出来。

当求爱已经发展到可以结婚时，我们就要精心安排一个隆重的婚礼。必须按照现代中国的习俗设计一个大众化的仪式。新娘家族的所有成员，包括远亲都纷纷从数十公里外赶来。婚礼就像个重大的节日。婚礼上少不了许多当地的菜肴，大部分都不合我的口味。他们以不同的烹调方法制成的猪肉，总带着一种奇怪的酸味，另外就是一些带苦味的本地蔬菜。The piece de resistance①是一碗大蚂蚁蛋，用油和某种看上去像是白色鱼子酱的东西制作而成。通常被宣慰使用来招待特别尊贵的来宾。蚂蚁蛋有点苦，对我来说，称不上是美味佳肴，当地人却特别喜爱它。

在典礼之后的下午4点，就会有位从新娘亲戚中选出的主持人，走上来教育年轻人如何才能拥有幸福和成功的夫妇关系。这种及时的训导是傣族人的一个非常良好的习俗。在我们的典礼上，为了新郎和他的同事能听懂，必须要把这些训导翻译成汉语。时常出现的误译，造成有趣的和令人困窘的情形，使得所有的人都开怀大笑。

新娘必须严格遵循婚礼礼仪，决不能疏忽。她必须把自己的头发剪成一种固定的式样，身着中国式的服装、穿丝袜，甚至必须穿高跟鞋。这样，仪式开始变得复杂起来。因为在结婚之前，女孩子们都是打赤脚的，脚掌已经变得很粗糙，新丝袜穿上不久就成了碎条。

---

① 法文：反抗。一种菜肴的名字。——译注

在不失去平衡的情况下，穿着她们不熟悉的高跟鞋走路，对傣族少女也是十分艰难的，虽然惯例并没有规定她们必须穿这样的鞋子。看一位双肩上挂着她的婚礼鞋，而自己打着赤脚在公路上行走的新娘是很不寻常的一件快事。

傣族女孩的每个生活阶段都用一个新发式来表示。非常小的孩子，发式是垂肩的小辫子。12岁或者14岁时，环绕辫子在头上表示她们现在乐于接受婚姻的提议。婚礼的第二天，她们就要永远戴着一块类似穆斯林妇女的头巾作为一个符号，说明她现在是妇女而不是女孩子了，该得到应有的尊重。

我在那里还了解到了另外一种古怪的婚后风俗。一天夜里，被窗外低沉悲哀而单调的歌声吵醒，我以为可能是一些感到工作艰苦的年轻人在述说着他们的苦楚。歌声使我不能入睡。在忍受紧张艰苦的工作压力又只有很差的营养品时，我必须很好地休息才能应付第二天的工作。所以我叫了位懂得点傣语的医生去了解是怎么一回事。

他解释这仅是当地一种风俗。一个傣家女孩常常拥有很多求婚者。当她最终和其中的一个结婚后，其他的男孩子们就感到遭受了打击，然后他们就在婚礼的第一个夜晚到新娘家前唱着类似小夜曲式的歌，歌词非常悲恸："我很英俊，我很勇敢。但我不理解为什么你不嫁给我，为什么你选个日浓胞结婚而不要我？"

这一办法从没给他们带来任何好处，倒使我发现他们一些固有的缺点。心爱的女孩子结婚之前，应该尽自己的一切努力去战斗，去赢得她，但他们却允许别人跑到自己的前头去，然后只有发泄一下他们的失望并不得不认命。

就我的观察而言，傣家女孩是美丽的：身材非常匀称、健康，也很聪明伶俐。她们可以成为最出色的妻子。她们的家人认为能和汉人结婚而建立联盟是件值得庆贺的事情。

通常，汉族丈夫是到新娘家生活。我们的一个医生就娶了一个傣族女孩然后在她家过了一段时间。我拜访他们时有机会看到一些当地民族的生活。那里的任何事都原始、简洁、有序。房屋建造严格保持着传统，完全是本民族的样式，墙壁是用涂了灰泥的竹子制作的，地板是用一种只有当地人才知道的加工方法用泥土和牛粪搅拌而铺的，这样他们可以把它的表面擦亮，且很结实，就像油毯。

牛和猪拥有和家人一起生活在一间大房屋里的权利，因为它们是特别有智慧的动物，早上放出来，在村里自由走动，牛自己就到不远的山上吃草。每天晚上都在同样的时候回家，根本不用主人吆喝，一群群自己穿过弯曲蜿蜒的山路和村道，然后回到各自的庭院，不用任何命令，精确无误。到了晚上，它们就缓步进入畜厩。

这个医生稍后回到了昆明，和他的新娘在那里生活得非常幸福。

我提到的这些事只是我每天无数烦恼事之外的一些愉快的小插曲。那些烦恼的事也一个又一个地解决了。

在付给宣慰使3万美元从而得到了足够6000工人吃4年的大米以后，长期困扰我们的食物难题终于解决了。为了消除后顾之忧，我们不假思索地以同样的价格买了许多大米，分批储存在新的总部里。一部现代碾米机也运到了，马上安装投入运转，由一个10马力的柴油机带动。从那一天起，操作人员就没让它闲着，因为没有它，工人们就不能吃好，也就不能完成工作任务。

原来工人居住的老的、稻草和竹子制作的简陋小屋逐渐被四合院代替。这种房屋有水泥地板，竹制的墙壁两面都涂上水泥，硬木框架的门和窗都有纱网，屋顶是瓦棱铁皮上面再覆盖上稻草。这样的房屋冬暖夏凉，看起来很像新式民宅。

此时已经有从昆明发出的定期班车来回奔跑。我们拥有规范化的，便于膳宿并带有纱网窗户的客栈、食堂、良好的沐浴条件以及舒服的床。所有的这些，都是与中国旅游服务公司签订合同后由我们建造的，在公路向前延伸后移交给他们。当日本人进攻时，我们从交通部得到指令，为汉族和边疆民族孩子开办现代学校，作为附加条件，才得以优待使用这些建筑。

现代生活已经来到傣族地区，短短几个月的时间内，我们跨越了从中世纪到文明时代的漫长历程。由于和外面的世界有了联系，彻底改变了傣族人的观点。他们不再满足于像奴隶一样的生活。在我们来到芒市之前，当宣慰使经过时，他们都得低着头跪下。现在知道他们的统治者是和他们一样普通的人，开始争取自己某种权力了，宣慰使也意识到，除了承认这个权利之外，没有别的办法。这件事使我认识到人类本性总是倾向自由这个方向的。

筑路本身的成就已不仅仅是个工程项目的完成。它是个人类实验室，它证明了：通过诚实和公平的行为，数千年来的传统和偏见几乎可以在一夜之间消散，并可用进步的技术为未来社会建立一个牢固的基础。

塌　方

雨季，我们要和公路沿线各种各样的山崩塌方做斗争，从零星单独的塌方到那种路边整座山的倒塌。

一些七嘴八舌的政客们对塌方不屑一顾。然而这类事故频繁发生，有时在不到 35 公里的地段上竟然有上百处塌方，严重威胁交通运输和公路本身的安全。

人们一定记得那些政治家们发怒的样子。而坐落在那里的山也是这样，看上去很祥和，闭着眼睛像是疲倦的样子。哪里知道，其实它总在运动、运动。有一天，那个时刻到了：它睁开眼，猫似的伸个懒腰，突然像狮子一样的怒吼起来，致命的灾祸随之爆发。

这样一座具有威胁力的山就坐落在昆明以西 112.5 公里的禄丰附近。公路穿过这里的一条深谷，每当通过这里时，我注意到许多带有尖刃和锯齿状的巨石，它们已经从不远处向下滑动。我们的工程师和当地人都没有发现滑动的起因，但它是个危险迫近的信号。于是，专门有个特别行动组和一台推土机在那里随时准备应付任何紧急状况。1941 年 10 月的一个夜晚，山开始颤抖了，随着一声巨雷般的炸响，整个一面山塌了下来，压倒和掩盖了路边的房屋并夺去许多生命。这次山崩使得大量的石头完全覆盖在公路上，所有的运输全部中断，大约有 700 辆卡车堵在了塌方的两头。我们无法通知一平浪和昆明的其他司机就地等候，不要再过来堵塞公路。

滇缅公路上像这样的弯道很容易受到洪涝塌方的威胁

推土机和处理紧急事件的工人马上开始清除工作，当推土机在清除一块巨大落石时，由于推土机马力太大、速度太快，结果落石连同推土机和司机一同从 10 米高的筑堤上翻了下去。幸好没人受伤，一个严重的事故避免了。推土机由卡车从斜坡下拉了上来，工作继续进行。一部分汽车司机前来帮助，大多数却坐在他们的车里，冲着正在干活的工人高声叫嚷以发泄因耽搁而带来的急躁。经过三天三夜的连续奋战，9 万多立方米的岩石被清除了，车队顺利通过。

有许多山，被公路旋转地缠绕着，像是螺丝钉上升的螺纹。如果陡峭的顶端部分有像是被冲洗过的痕迹，那就是山体滑坡的地方。有时滑坡会在公路穿过一个凹部的两个方向同时发生。如果从公路旋转缠绕的山之最下层的公路护墙倒塌，那么它将严重影响所有上面的多层公路的路基。

塌方构成了对司机的直接威胁。在永平附近的一个路段，一种薄层板状的易碎石灰石，数百碎片从上面坠落下来，像是狙击兵发射的子弹那样致命。没有人知道这些碎石片在什么时间或什么地方会落到他们的头上。每当车辆经过这里时，司机们都紧张地注视头上随时可能掉落下来的石头，默默地等待着这个打击。这时就只能听天由命了。

另外还有一种同样是无法预计的意外事件。有一次在傣族地区的一个泥泞的山脚下，一棵大树被水冲倒，横着倒下来，正好压在经过这里的一辆卡车上，司机当场毙命。如果谁试图提前发现这个危险，那几乎是完全不可能的。它就这样神秘。一些狩猎部族的人坚信这就是神灵曾经来过这里的信号，它被那些倒霉的司机激怒了，所以来处罚人类。总之，无论如何解释，无法预计的危险还在发生。来往车辆的震动就足以使根基已经松动的大树最后突然倒塌。

清除落石是最令人气馁的工作，它似乎无穷无尽，时常干完不久，石块又马上落下，这样太影响士气，我也无可奈何。最后，我发现只能把心掏给工人，和他们讲清交通中断的严重性，并和他们一起奋战。当时我在现场对他们说："你们必须同时使用显微镜和望远镜检查工作。通过显微镜观察，将看得非常仔细，没有什么可以逃脱，除非你们装糊涂。同时必须有个长远的目光，就像一台望远镜。应该明白我们不能在一个塌方的地点呆很长时间，明天有明天的工作。"

塌方大部分发生在夜里。雨下得越来越厉害，一个气象预报中心建立起来了，这样我们在总部就能马上注意到何时何地可能塌方。它随时都可能发生。有几个夜晚，警报一个接着一个。

紧急状况处置人员也组织了，每26人为一个队并有队长，这样就不会再有行政上的混乱。他们全副武装随时准备赶往事发现场。但是，没人可以预见什么时候、什么地点会发生塌方，不能保证每个在花名册上的人员都能及时到达现场。所以非常需要临时招募居住在靠近塌方处的居民进行合作。

他们多是农民，塌方发生最频繁的雨季，也是农忙时节。多数稻田在山坡上，其水量保持是生死攸关的大事，因此农民修建了一些水坝和水沟。雨季洪水从山上冲下时，这些水坝和水沟是很危险的。因此必须不断地观察和修理，一个农民观看一个水坝就像看护自己的私人物品。往往他们最先发现塌方，一旦塌方，就要求众多的人民要放下自己棘手的工作全力投入防洪防塌方工作。

如果塌方发生在午夜，只能把他们从梦中叫醒。起先考虑鸣锣，这是中国城乡防火报警的标准工具。

但会引起混乱，因为事先不知道需要多少人去对付塌方，还需要多少人去施放照明用的烟火。有些五加仑的大锡桶，我们认为可以敲打它作为信号，又顾虑这样会使人们更加紧张。

最后，找到很多口哨，就像监视敌机的防空观察员用的那种，它发出刺耳之声也能够唤醒熟睡者，它与众不同的呼唤，也不会产生误会。

无论塌方何时发生，我们的工程师立刻赶往离塌方最近的村庄。由当地政府官员或村长陪着，工程师吹响哨子，这个官员或村长大声喊："这个村能出多少人？那个村能出多少人？"

有时整个家庭，包括老人和孩子，全部主动地离开他们暖和的床和成为他们庇护所的家，来到一个陌生的地方，在寒冷和潮湿中面对着不可预知的危险，在这条中国的生命线上清除障碍。

他们在黑暗中摸索着前进，雨天里不能打着火把赶路，气氛非常沉闷和压抑。这不是在普通的雨天赶路。夜晚很冷，吹着风，天上下着倾盆大雨，到处流淌着雨水，身上已没有任何一处可以保持温暖和干燥。白天的炎热已经消耗了他们所有的热量和体力，现在又遇到这样的情况，是极度的疲倦。

他们长途跋涉来工作，就像支坚定的军队，穿过泥滑的、松软的土路和山道，而且不知道已经到了哪里，甚至连前面都看不到，也不知道是否能在数个小时后，或者几天之内可以回家。他们就这样一个夜晚又一个夜晚的不停地干着。

孩子们也来帮助搬运塌方的泥土

　　一些发生塌方的地方即使距离最近的村庄也有很远很远的路程，这就意味着，在处理塌方之前，有段漫长而艰辛的路要走。许多发生塌方的山、丘陵或者山谷都没有名字，只有用公路的里程碑来指示塌方的大体位置。

　　工人们使用的工具只有很原始的农具，大部分是平时在农田里干活用的锄头，以及他们自己的两只手。

　　这是最艰苦的一个考验，特别在第一年。在雨季清除塌方或山崩时，最困难的，是为他们提供热饭。他们有米，公路指挥部也有。但是，在雨季的荒野中到处都很潮湿，没有办法煮饭。只有少数的情况下我们可以派出一部专门在紧急状况下使用的卡车运送热饭菜，开始时，他们总想在很短时间内就可以回家，随便带一点干粮就行了。但是这样的工作往往持续时间很长，这样就必须就地做饭。有时，是在雨伞下生火。我们觉得这样太苦，就事先准备一些干柴，到关键的时候用。当然，有些地方不必如此麻烦，那里的山上有一些洞，人们可以在那里睡觉和做饭。

他们用来御寒的只有自己制作的草帽、斗篷、草鞋和几件单衣，既不足以保暖，又整天湿漉漉的，造成了令人担忧的大量肺炎病症。

这是在下关附近的公路上的一处塌方

这种流动性的工作很不舒服，且非常艰苦和危险。工人们沿着公路用他们的锄头挖土掘石，时时刻刻都要小心，没有任何一个人知道，什么时候塌方会突然降临在自己头上，然后会把他们全部淹没。所以他们总是拉开队伍，使得再次塌方造成的人员损失尽可能减少。

一些人用锄头把土挖松后，其他人就把土搬走。用个柳条制的背筐装土，再用头顶着捆着它的皮带。有位老太太很老了，仍然用她的围裙搬运泥土和石块。孩子们帮着大人在大石头上打眼放炮，他们在悬崖光滑的岩石上爬上爬下，如果掉下去必死无疑。这样艰苦卓绝的山地手工劳动有时就是为了使滑下来的巨石稍微移动几米让车通过。

多石地区的塌方常常彻底堵塞公路，仅仅只留下一个人能钻进去的空隙，头顶松动的岩石随时都可能掉下来。工人们在这样的环境中工作真是太糟糕了，特别是对那些时刻都要照看她们孩子的女人更是如此，他们甚至无法操作自己的工具。在这种特殊的情况下，很难保持平衡，很多人就这样掉下绝壁。

没有人知道下次塌方什么时候发生，有些人突然被淹没在土壤和巨石下，尽管拼命解救，常常无济于事。在这样的情况下是不能存活很久的，因为流动的泥石会堵塞住下面的人用来呼吸的每一个缝隙。

一个工程师曾向我详细叙述过他如何经历这种当时很流行的埋葬方式。一次，他外出到一座泥泞的山上去调查刚发生的塌方。突然，他听到有人喊叫，附近又发生了一个更大的塌方，还没等他反应过来，就陷了进去。他是专门处理这类事务的，手里总是拿着一根挂有一面小红旗的长竹竿，表明他是个指挥。就是这根竹竿救了他的生命。新的塌方并不深，外面的人似乎知道他是个大人物，格外卖力气来抢救他。

被解救出来之后，他才有时间回味濒临死亡的体验。他说，首先是被重重地冲击了一下，然后呼吸很困难并开始在睡意中逐步失去意识，接下来就是暂时的意识丧失。我相信，这个可怜的人，是在即将死亡和完全没有存活的奢望时刻，被人救出来的。

民工通常赤脚干活，难免遭到聚集在树根、岩石四周，以及被翻动的泥土中无数不知名的小虫叮咬，这很痛苦、很危险，甚至会致命。

当我驱车从芒市到保山视察时，我懂得了表面上非常不起眼的叮咬是如何的严重。当我穿皮鞋时，没有注意到一点泥水溅了进去。那天工作结束后，正要离开，我听说有两位医生希望和我们同路到下一个我们打算在那里过夜的地方去，我同意了。这个巧合无疑救了我的命。我们到达后，我感到有点冷，关节开始有点痛。然后是发烧，整个晚上，病情好像越来越重。

但是找不到任何原因。医生开始检查，发现一只脚有被有毒的昆虫叮咬的痕迹，已经红肿了。我笑了，心想没什么。但是他们告诉我毒素已经进入我的血液，会引起一种严重的感染。通宵他们都在抢救。从那时起，我再也不敢小视这些小虫的叮咬了。

在芒市附近，推土机在清理塌方的泥土

一年后，当我们真正理解了肺炎、昆虫叮咬和感染的严重性，我们要了1000双胶鞋。但当送来时，才发现都不配套，许多工人领到了两只右脚鞋或者是两只左脚鞋。

面对着所有这些不便之处和艰难，我从没有听到任何一个人诉苦。当我和工人们聊天时，他们决不说"我感到累""我身上全湿了"或者"我感冒了"等等。相反，他们经常说："我很惭愧我只干了一点""我怕你对我的工作不满意"或者"我希望干好给你看"。

尽管过度紧张脾气容易暴躁，但是工人之间从没有任何吵架、争论或者激烈的言辞。它使我了解到中华民族是一个面对困难充满着坚定决心和乐观主义的优秀民族。

几年以后，我才有机会意识到我们的人民那时所遇到的困难是什么样的困难。在纽约，一次遇到下雪天，我从华盛顿广场到中央公园，当到第五大街时，我遇到25辆柴油推土机和许多许多翻斗运雪卡车。工人们边说笑边干活，我注意到他们全部穿着外出工作服：厚外套、羊毛衫和厚皮手套。我估计一个工人的一套服装至少价值50美元，最少可以装备30多个中国工人。何况还有如此现代的机器和精良的劳动工具，在这样平坦的环境中工作，几个小时就把大街上的雪清除干净了。

看着第五大街的情形，眼前的一切开始模糊了，仿佛我面前的不是雪，而是大圆石和淤泥，工作环境绝对不平坦，是在坡地上或者在崎岖的山路上，上面有岩石断崖。要清除所有这些，完全没有推土机，没有卡车，只有使用锄头的男人和女人以及空着双手的孩子。我们的工人要在泥泞中走数公里甚至数十公里才能到达干活的地点，他们干完一天的工作后，只有少许休息，还要自己做饭，如果条件允许的话，晚上就在路边睡觉。在无数这样的日子里，使得公路不断延长。任何一个人都可以感受到，我们的工人在完全不同的条件下完成了绝不低于美国工人的成绩。当时在场的美国朋友都惊奇地看着满脸泪水的我，仿佛是我冲淡了当时的圣诞节气氛。

当我要求工人通过望远镜检查工作时，马上意识到他们在破晓时完成的工作，已因早上的塌方而前功尽弃了……几年过去了，我脑海里常常不停地出现这样的塌方，有时在睡梦中所有的山突然一下都像这样塌方了。那些还没有塌的，看起来也是难免的，必须在它塌方之前，就把它们制服。到了 1943 年，就不再有这样大的塌方了。

被清除的塌方的土方统计比其他文字更好说明我的这个故事：

1939 年　363000 立方米

1940 年　137700 立方米

1941 年　223000 立方米

1942 年　72675 立方米

1943 年　22230 立方米

到了第五年，塌方总量只有第一年的 6%。当我们面对新的事务时，最艰苦的阶段已经过去了。我们在没有经验、没有设备，只有很少的工人以及很少的设备情况下，走过了最困难的时期。以后就是只有很少困难的甜蜜期间，我希望我们的成功者能为此感到高兴。

麻烦的岩石

大约有 400 公里，或者超过公路全程的三分之一的路线，都是从坚硬的岩石地带经过，有时必须凿开岩石 3 米、6 米甚至是 10 米深。但是我们只有很少的凿岩机，农村来的工人不会操作，一些地方由于岩石太硬，钻机也无法使用。

除了一些平坦的地面外，还要兴建许多急弯道和螺旋形的弯道，这样就都需要凿石，有的地方还要将山切成一些垂直的凹面让公路由此穿过。

正如我已经说过的，我们没有炸药，只有一些劣质的火药。不可能把石头与地面凿成 45 或 60 厘米深。如果凿得太深，劣质炸药就像是放火箭那样向上飞溅，不能把石头砸开。为此我们只能搞无数小规模的爆破，平均一天至少 5000 多次。

工作进展就是这样缓慢，使人非常沉闷和厌烦，这种情绪四年来一直困扰我们。而且我们的人员和资金从来都不够使，工程总达不到标准，经常落在计划后面。虽然如此，我们还是从来没有停止和放弃我们的努力。到第四年结束时，公路建设的开支超过了 100 万美元。

一些工段有特殊的困难。其中一个工段就在下关附近，那里的花岗岩、砂岩、石灰石及白色石英石等都有最坚硬的地质构造。另外，距离昆明以西128公里的一平浪，非常陡峭的悬崖上有大约6米高的灰色石灰石层面，处理起来更是艰难，因其内部很容易破碎并有许多像血管一样的暗道。如果我们按常规爆破，就可能松动一块大约有40或50吨重的大石头，可能突然掉下来砸死工人并严重毁坏公路；如果不管它，它的边缘时常破裂，将成隐患。

为对付这块大岩石，我们制定了缜密的计划，并绘制一张凿孔放炮的设计图。工程师按这块岩石的自然纹路进行几何学划分，然后确定炮眼的恰当位置，这是项很有学问的事，绘出图来，经过准备，我们放了五六炮，准确而有效地松动了很大一块面积。

这个科学方法是保山附近一个小村庄的一位老人想出来的，他已退休了，仍然出来尽力帮助我们。我们请他专门来计算在岩石上挖掘炮眼的位置。后来当我们不得不破坏公路使其不至于落到日本人手里时，这位老人再次志愿来工作，并在炮火下进行他的指导，还帮助我们监督炸药方面的费用开销。

他在建筑印度支那铁路（滇越铁路）时积累了丰富的经验。我不知道他是否懂几何学。他似乎只用眼睛就能进行迅速的计算，而且完美无缺。他是一个有着丰富文化修养的谦虚绅士，工程师们很赏识而且尊重他。他经常对我们说："如果你们这些在高级办公室工作，住很好的房子的人都能到这里来做艰苦的事，那么我们就更应尽全力干，才能对得起你们。"因此他总是用最严格的要求对待自己。

在岩石上凿炮眼十分艰苦。一个人握住钢钎，为防震，手上垫着稻草，另一个人高举铁锤敲打，有时，两个人轮流用铁锤敲打。每次敲打，握钢钎者就转动一次钢钎，使得钢钎慢慢打进去。要用 5 磅锤反复敲打无数次才能凿出一个炮眼。

在填塞炸药前，必须把灰尘与碎片从炮眼里弄出来，这事很讨厌。如果使用现代的高压钻孔机，气流会将灰尘吹出来，但没这种先进设备。石匠们却有他们自己的办法把灰尘弄出来，这种绝妙的小发明，诀窍在于一枚中国硬币。

中国铜钱中间有个小孔可以穿成一串便于携带。石匠用竹棍穿过小孔，然后把竹棍的末端和铜钱捆紧，铜钱和炮眼就形成了一个活塞。每用铁锤敲打 40 次以后，就用这个活塞把洞里的灰尘弄出来，几乎就像一粒一粒地数稻谷。炮眼当然要保持干燥。雨季爆破时，他们就高高地竖立一把雨伞，在伞下挥舞铁锤。炮眼凿得特别深，伸进去的导火线放在竹管里，四周再充填炸药，这样才能确保爆破有效。我们当时使用过各种各样的炸药。安放导火线是一件细致的工作，需要丰富的经验。一般导火线都不超过 0.6 米长，就是说点燃后一分钟之内就要爆炸，所以放炮就像是过节放爆竹那样，点燃后要赶快离开。炸碎的石片在空中乱飞，如果躲避不及，就有危险。

劳工们在岩石上开路

　　一个炮眼安置完毕后，就用稻草盖着，保护里面的炸药不受湿，同时给安放导火线的人一种标志。在丛林中发现这些稻草标志需要有锐利的目光。

　　所有放炮的人都是保山人，他们非常熟悉这项工作。他们分成4队，每队有5人。其中有一人特别有能耐，一次我看着他引爆了30个很短的触发炮眼。地面非常粗糙泥滑，行走艰难。他非常敏捷地从一个洞爬到另一个洞，在数秒钟内干完，没有丢失一个，也没有出现任何会使他送命的差错。他的熟练工作使他每天可得到40文钱。

切割岩石的工作中最艰难的部分是在怒江峡谷。在那里的峻峭的绝壁上，我们雕凿了一个又一个的急弯，使公路在不到30公里的距离内就从海拔600米一下上升到1700多米。当时气候也是一年间最糟糕的，无法忍受的炎热和极其痛苦的潮湿，使得猪肉从峡谷顶带到下面的大江边就已经腐烂了。所有的建材都要从很远的地方运来，因为当地没有多少可用的材料。

工程在多处同时展开，我们就得雇用大量的劳力，同时需要10000～20000名工人。结果熟练工大大缺乏，而不得不大量使用许多未经训练的劳动者。

一般技术人员都来自保山，工人大部分我们都不熟悉。要完成危险和艰难的工作是很困难的，这要看山顶的石头是否能凿开让车辆通过。工人们在能力方面也是各式各样的，一些来自生活条件好的地区的工人，干活就懒一点；其他人的稻田是种在山地上，生活艰难一些，他们干活就勤奋些。我们花了几个月才了解到他们各自的特点并指派他们做合适的工作。

他们也根据自己的特点来适应工作，并没挑肥拣瘦，那些生活在艰苦地区的人对能被分派到危险地段干活感到很骄傲。他们相互学习。具有凿石经验的人把他们的技术无保留地教给了那些没有这方面知识的人，就这样依次使大家都得到学习。

高空作业要求有特殊经验，但没人有这方面足够的经验。即使有建造宝塔经验的人也从来没有在高出地面 40 米的高空进行作业的经验，他们也需要边工作边摸索。

完成特殊的工程质量同样需要建设者良好的判断、观察和主动性，不是靠勇气就行的。我是一个很好的运动员，正好可以尽力爬到峡谷各处去检查。如果我是个工人，恐怕不能像他们那样靠着良好的技术吃饭。像那样的技术，他们很容易在其他地方得到丰厚的收入和安全的工作，但是为了中国的命运，却志愿留下来不计报酬地干最艰苦最危险的工作。

雕凿险峻和垂直峡谷的转弯口时，在悬崖顶端悬挂一个操作平台。石匠就坐在平台上，悬挂半空，在空阔和不可思议的静寂中待着什么也不干也是一个严酷的考验。任何一个不具有铁一般神经的人终将会使自己坠入深渊。

你可以想象，他们不仅坐在那里，还要拿着钢钎、挥舞 3 磅锤在悬崖上凿洞放炮。洞凿好后，还要很快地离开，这要求一个人要有高超的平衡能力，否则他将很快失去平衡而坠入万丈深渊。

当然，爆破的操作就更危险了。在峡谷的悬崖峭壁上，凿孔放炮的过程和在地面上一样：凿孔、装填火药和导火线，然后点燃，而且不仅是一个，而是同时进行许多炮眼的爆破。所有这些都是在一个垂直面上进行。

那些工人就像是在平地那样敏捷快速地用脚在支撑他的悬崖边缘行走。每件事都在瞬间完成，很快就点燃了所有的导火线，然后用力拉捆在他身上的粗绳，峡谷顶端的其他人就很快把他吊上去脱离爆破区。尽管时间很短，一般都是成功的，因为爆破方向通常都是向下的，而放炮的人是从上面爆破区放的。

怒江峡谷上的许多拐弯都是公路上杰出的雕刻品，无论从工程学的角度还是从石雕艺术的角度看都是很好的。

另外一个要克服的因素虽然不怎么惊心动魄，但是非常烦人。这就是一些地带的地质结构既不是岩石又不是松软的土壤而是介于两者之间的，一种坚硬且带有一定韧性的胶皮似的烂泥。就像个圆滑而又不屈的外交官，缠住你就不放。有近100公里的地段都是这样深达3米的稀泥，清除工作全部要靠手工完成。如果是岩石我们还可以使用炸药。

开始我们想使用机械，后来发现这样的机械至少需要100马力才能有效地对付这泥土。但这样的机械肯定又太重了，桥梁难以通过。除了用锄头没有别的办法。直到今天，凡是在这条路上旅行的人仍然可以看见当时作业的证据：数以百万计的锄头痕迹仍然留在这个筑堤上，尤其在雨季里，看得更加清楚。

我们起先认为雨后泥土容易挖掘，但是后来证明只有不到半米深是比较容易挖掘的，再往下就很硬了，它是含有丰富的铁或铝的氧化物，清除起来异常艰难。

挖掘工作必须要最强壮的男劳力才行，没有妇孺可以做的任何较为轻松的工作。这样的工作不是在地面上，而是在30多米的江岸上进行。首先是在悬崖上雕凿石梯，然后是安放几乎垂直而且很高的竹梯。劳工们在那些竹梯上工作很容易损坏它们，没有人能在竹条上保持平衡并自由地使用锄头，竹子自身的韧性在高空形成的来回晃动是非常危险的。而且这些劳动者，是打赤脚工作的，艰难程度不知比地面上工作要超过多少倍。

不过在这样的泥土里工作也有好处。因为它的黏性粘住了表面的石头，所以我们不会怕发生山崩。

建 桥

高耸的云贵高原横卧在公路前面，使我们的工作非常复杂困难，我们必须在这些山脉中兴建许多弯弯曲曲的路线、急转弯和坡度，才能使公路像螺纹一样向前延伸。

在这些山脉中有三条大河——怒江、澜沧江和漾濞江。这些江河的宽度对架设桥梁的跨度是没大的问题，却存在一些不同寻常的困难。首先，由于这几条大江距离源头太近，所以水的流速很快，大约每小时8~20公里或者更快，从架桥的角度看，在这些江河可以架桥的位置上，河床不是太深，就是太浅；而且，怒江和澜沧江河底都有坚硬的石头，形成了不规则的冲击角度，对河中的任何人工固定物都将造成威胁。

最简捷的方法是在江河中间架设有桥桩的桥。但是我们没有建筑桥桩的专有装备，而且这三条江河都不适合架设这样的桥梁。雨季来临时，江面漂浮的树根和树干等，也会聚集在江河中间的任何隆起部位的四周，河底的大圆石也会随着暴涨的河水滚动形成很大的冲力，对桥桩将造成很大的威胁。我们只好放弃修建这种桥的计划，而选择不要桥桩的吊桥，其跨度最长的有122米。制定了这样的设计方案后，又面临一个严重的问题：比如怒江，除了它本身具有的风险外，还必须经历和自然条件一样艰难的心理学上的冒险。

在我印象中，怒江是世界上一个最奇特的地方。它有一种可怕的精神魅力，到了这里的人为逃避现实竟会产生一种无法控制的冲动，急于想从悬崖上飞身跃入激流，令人难以理解。它的实际高度本身并不恐怖。但是站在怒江江边，我简直不能抵御一种将自己投身于毁灭之中的强烈欲望。这样的情绪影响着工人，甚至卡车司机。

怒江的魅力是这里的景象、声音和气氛的混合产物。其中最令人不解的是声音。大江本身的轰鸣就残酷地折磨着人们的神经。它不像是尼加拉大瀑布有那样一种使人宽慰的单调声。由于怒江河床的弯转、曲折以及高低不平，造成它的突起和落下，永远变更着水流的节奏和强度，形成许多像是苏醒的怪兽所发出的带有胁迫性的吼叫。所以它的中文名字是"怒江"，意思是"愤怒的江"。怒江流入缅甸后开始缓和平静，英文称为 Salween River，即萨尔温江。

由于一些峡谷所产生的古怪声学现象，使得最微小的声音在很远的地方都能听到，如一只小鸟在远处的树梢啼鸣，或是小树枝被折断的声音。有时在这些声音传到之前，已被放大了许多倍使之听起来不再熟悉和正常了，而是一种变形的不自然的回声，使人所有的精神都开始紧张，抑制不住有大声呼喊的冲动，"听！那是什么？"

　　这里独特的风景令人烦扰：除了当中午的太阳穿透云层射入峡谷或是短暂的黎明外，整天几乎都是阴沉沉的，占统治地位的颜色成了黑色——突出了岩石的冷酷。江河两岸高耸的山峰几乎要刺穿天空，山上长满了树和繁茂的丛林，下面的江水闪烁，旱季呈深蓝色，雨季却是黄色或污泥色。所有这一切，都覆盖着一层北回归线上的炎热所造成的潮湿和黏性，水蒸气总徘徊在江水上面逐渐蒸发的云层之中。

湄公河（澜沧江）和功果桥

　　对这些现象有了经验之后，很容易理解为什么藏人有如此深刻的宗教观念。在这里，人类就像一粒米一样渺小。一个人如果不在这样的环境里，是否信仰神，也许是无所谓的。一旦投身此地，你将完全领悟此地的人们为什么不得不崇拜那种无法抵抗的神秘、威严和富丽堂皇的大自然。

　　澜沧江与怒江虽然有许多不同，但两岸同样如此神奇，两岸的悬崖同样是如此的高耸云霄。和怒江一样，大自然的神秘似乎也在澜沧江起支配地位。当我们花费许多时间在这两条大河的两岸，沉思着建桥的可能性时，一阵阵使人战栗的寒风吹来，那风和江河的怒吼综合创造出一种似乎只能感受但不明确的怪诞感觉。

　　蝴蝶和啼叫的小鸟使得这里同样充满在中国人看来独特感人的愁绪：两者都是死人出殡时为安抚灵魂的传统装饰符号。根据古老的中国信念，蝴蝶是灵魂的幻化，它寓含着死者对故乡的梦想。我揣摩蝴蝶在荒野中如何成长，荒野中的鲜花如何吸引大群绚丽多彩的蝴蝶，不由得愁绪纷纷，在我看来，建桥的前景就是这样的悲观。

　　鸟的啼叫往往是灵魂脱离肉体后的泣诉。在另一声鸟叫之后，一种鹧鸪类型的鸟也发出了痛苦的长音，这种悲恸的叫声同样也是寓意的表达：渴望失去的心灵可以再次回家。这种声音在午夜经常听到。

　　在这样的环境中无法摆脱所产生的可怕的想象，

严重影响一个从孩童时期就离家出走，孤独地在冷漠和严酷中忍受沉重忧虑负担的人。我认为它引发了一种非常特殊的思乡病。

那时，徐以枋是负责筑桥的工程师，已经决定同时在三条江河上各建一座桥。如果在一个时期建一座桥可能是容易的，那么要同时建三座就几乎是不可能的。因为大量建筑材料的运送，困难实在是太大了。

徐先生没有材料，甚至没有蓝图。但他必须从第一步开始：计划草图，去仰光。他步行出发了，有时翻越高山和丛林可以坐轿子，到了畹町后才有汽车。在仰光，他一头扎到工厂里就再也不出来。在办公室里搭起一张床，在工厂里吃饭。白天和夜晚，他都是干、干、干！当他回到桥头工地时，我们发现他根本不知道仰光主要街道的名字。

他的忘我精神给这家工厂留下极其深刻的印象，并因此得到了回报。厂方保证以最低价格提供他所要求的所有东西，并保证在最短的时间内加工完成。他们对一个中国公务人员的印象，就是从这个置身国外的中国人身上获得的。这个人身处奢华的生活环境之中，只知道不停工作而没想到个人的舒适，使他们开了眼界。徐先生没有在国外受过教育，但他对工作的责任感胜过许多回来的中国留学生；他应该是一位伟大的外交官和高级的人事关系专家，如同他是一位优秀的工程师一样。

几个月后，这家工厂终于生产出了我们急需的建桥材料，都是按照他的设计规格精确制成的，包括各种各样的配件，如：横梁、钢杆、电线绳和电缆等等。这些东西走铁路从仰光运到腊戌是很容易的，但从腊戌运到建造大桥的河边就非常困难了，要越过485公里的丛林小径。于是，数百名劳动者扛着较轻的横梁和钢架、电缆就像是一条巨大的蜈蚣，开始了他们的漫漫征途。

一个大的横梁用人来抬，那是太重了，需要几头骡马来共同驮负。马夫们必须用鞭子指挥各头骡马步调一致，同时到位。它们行动的路线非常艰难和险峻，这些可怜的人和动物，虽然经验丰富，但只要滑倒就肯定死亡。意外事件可能发生在人身上，同时也可能发生在动物身上。虽然如此，在许多天旅途后，急需的材料终于运到了桥头工地。

面对大自然的险阻建造桥梁，使我们遇到了在美国或欧洲难以想象的困难。在欧美可以使用每一种为特定目标而制造的设备，在这里却完全没有这些便利条件。

首先我们需要有受过训练的桥梁建筑者，而这些熟练的桥梁建筑者大部分都滞留在日本人占领区。他们曾经参加过在黄河上修建铁路大桥的工作，一些上海的工程师曾经建造了有名的从上海到宁波的铁路途中的钱塘江大桥。但是，如何找到他们，如何召集他们，以及如何让他们到这里来而又不浪费宝贵的时间呢？

无论如何，我们都要试一试。我们没有时间等待这些有经验的技术人员和工人到达后再干活。工作必须马上进行而不能有一点延误。后来只找到了很少的一些技工，他们赶来参加建设最后一座桥梁，这座桥梁无论从哪一方面看都是最新式、最现代结构的。但在他们赶来这里数个月前，我们已征服了这些江河，车队蜂拥而至地通过了这些桥梁。

土制的水泵在建设桥梁的地基上发挥了很大作用

　　工程师们和公路沿线区域的各村村长以及老人，就建桥最好的办法进行了没完没了的讨论，许多结论都令人失望，讨论常常不欢而散。最后我们还是决定修建高筑堤悬挂式吊桥。首先，在江两岸掘土以建筑堤坝和桥塔，就要建造一个围堰以便挖土和抽水。

抽水机是最重要的，由于没有现代的设备，我们只好使用各种各样不曾见过的工具来抽水。其中有老式的、农民在农田里抽水的竹制脚踏水车，以及从一些古老的城乡如从保山消防队借来的古董式的铜制水泵等等。但仍不行，只得组织大队人马排成长队用水桶一桶一桶地舀水。

看着堤坝上的这种抽水作业总有这样一种奇怪的感觉：工人就像一群蚂蚁，忙碌地建造蚁丘。建造围堰就地取材，无论用哪种材料都漏水，而且漏水的速度几乎和抽水的速度一样快。所以抽水工作日夜不停。没有现代照明工具，就点菜油，菜油发出的光亮和烟头差不多，几乎什么也看不见，但工程仍在继续，整个工地都淹没在黑暗中，人们就凭着感觉干活，工地的喧闹声也都淹没在江水的咆哮声中。工程师们一班接着一班监督着堤坝和围堰的进展过程，抽水一秒钟都不能停止，甚至堤坝的地基已经灌注好也仍然不能停止。我们没有起重机或其他设备，地基的每块石头都是工人们用自己的双手砌成的。在建筑这堵有些倾斜的桥头堤坝时，是没有机会使用滑车的，所以每块石头都是工人们赤脚踩着光滑的石面从各处挑来的。有些人不慎失足就要遭受致命的伤害。

地基一旦完成，桥塔的石头建筑就开始了。桥塔上部要盖一个凹槽承受着由此通过的钢索。

现在我们面对着的是整个工程中最困难的时刻，这就是在两岸架设钢索。运输对工人和工程师还不算艰难，在下游找些两岸距离不宽，江水的流速每小时也不超过3.5公里的较平稳地段，他们可以从容地用竹筏排起来横过江面。但在另外一些地段，江的两岸很宽。为了避免浪费这些难得的宝贵材料，桥梁只能建造在这条江最狭窄的地方，但这里往往就是水流最湍急同时也是最危险的地方。

首先，要用麻制的强硬绳索带到江对岸，用它来牵引从对岸过来的钢缆。从理论上讲，工人们可以坐竹筏顺着水势奋力划向对岸。然而，江水的凶猛程度足以把竹筏冲成碎片，至少可以把竹筏上的人掀落江中。

我们只好沿用当地人多少年来架设铁索吊桥所使用的方法，由一个人首先带着一条绳索游过江。工程师和当地官员协商，由这个官员招募承担这件自杀性工作的志愿者，没想到并不缺乏候选人。

大部分从事这项工作的都是河流附近山寨的人，也有一些是来自远离江河的人，有在急流中掌握自己命运的经验。他们将从很远的上游出发，顺流而下更易横渡。他们携带着一根百米长的绳索，要求要有特别熟练的游水本领。当绳索受湿后重量就和一个死人差不多，他如何携带这根绳索呢？西方人的方法是把它捆在身上。一旦这个游泳的人遇到麻烦，就有生命危险。所以这些人游水时是用牙咬着这条绳索。当他们无法控制的时候，可以扔掉绳索而专心保命。

　　尽管这样，他们还是一个接着一个地在急流中消失。最危险的时刻也就是快要到达彼岸时，这时游泳者必须在急流中用尽最后一点力气把绳索扔到对岸的锯齿状的岩石缝隙中才行。许多人在到达对岸前就沉没了；一些人被急流撞到了礁石上而死亡。

　　一个人失败后，马上有人顶替他的位置，勇敢地置身于危险之中，他们坚信只要自己注意前者的一些不必要的错误，就可以在前者失败的地方获得成功。

　　工程技术人员看到这个失败的情形，认为没有必要再付出代价来证明当地人的意见了，一位村里的老人泰然地坐在岸边，注视游泳者，向着他们的方向大叫着。他粗暴地对我们的工程师说："不要在这里给我找麻烦！建桥，你懂。但是这个我懂。我干这个买卖的时候你还没有出生呢。把这事交给我，你就不要管！"

　　绳索最后终于安全地到达了对岸，在这之后把钢索拉过去就比较容易。建桥工程正常进行了。第一步是要在钢索上铺垫厚木板。这些都必须用上好的硬木。而周围只有松树，松树总是弯曲着成长，这种弯曲是由于多年风吹的结果。用松木做成的垫板，不能保证桥面始终平整，车辆压上去会产生不规则的压力而发生危险。

　　我们决定还是寻找最好的硬木——栗树木。但本地人都不知道在什么地方可以找到栗树。漾濞地区的栗树是很出名的，但离这里太远并且在那里很难得到帮助。

我们迅速派遣搜索组出去寻找栗树，他们只备有对付野兽的一把小刀和一把砍树的斧头。其中一些人出去了许多天，再没有返回。但江流中开始漂来了一些树木。

湄公河（澜沧江）上的一座浮桥船在运输汽油桶

他们非常聪明地完成了任务。只有那种生长在高山地区的树可以用。他们砍掉树枝，将树干从山上滚到江里再顺流而下一直漂到桥墩附近。接下来，圆木要用仅有的一个手锯锯成统一规格的铺板。当我第一次上桥检查的时候，这些厚木板给我留下了很好的印象，它平滑、光亮，就像铺的木条镶花地板。我被告知它们不会漂浮，因为它们的纤维组织非常紧密，再加上防腐处理，比重超过了水。后来这座桥被炸沉时，木板就像石头那样一下子沉到了江底，我才相信了。架桥工作在飞快地进行。许多钢缆运到对岸，一些木料也到齐，并按一定的规格锯开用于铺设。

桥建造在江岩的凸部，这样可以经得住卡车 10 吨以上的重量，为了安全的缘故，一次只能过一辆卡车。

桥建成后，我认为必须为未来可能遭到的轰炸做准备。那是在 1938 年初，有人嘲笑我神经过敏。"什么？"他们说，"难道日本飞机可以从他们远在广东或者泰国的基地飞到这里来炸桥吗？"

那时，人们很难预料法国很快被迫退出战争，法属印度支那铁路（滇越铁路）马上中断。我相信中国的古谚："如果每件事预先都有准备，就不用发愁。"1940 年 6 月，德国军队攻陷法国，日军乘机强行进驻法国在亚洲的殖民地——法属印度支那，这条铁路真的被切断了。中国现在依靠的只有滇缅公路了。在这里载运着重要的战争物资的车队就像是绵延不断而又缓慢的流水。如果桥遭轰炸，那么任何时候都可能产生交通中断，后果难以预料，所以我们必须有所准备。因此我们在三座桥梁不远的地方都准备了许多套桥梁各个部位的部件。这些备件都储存在日本人不易发现的峡谷裂缝中。

我们必须保证，每个工人都能在紧急情况下准确识别各种备件的用途，设计图上标明了每个细节，任何工人只要瞥一眼就能知道。

无论是吊桥还是浮桥，每件由车间精密制作出来

127

备用的螺帽螺钉是重要的，必须想法藏在离桥梁最近的地方，表面部分都涂上一层油。人的自然状态的研究证明，如果一个人在匆忙中，神经是很紧张的，体内的障碍将会越来越大，混乱将跟随而来。我们都在匆忙中依次进行桥梁的修理工作，所以螺钉是最重要的。

为每座桥紧急状况的处置所准备的队伍，都备有汽车和带轮子的机器修理箱，含修复各种装备的工具，并能自己提供动力和照明。准备工作是以每次空袭都将完全毁坏一座桥的假设进行的。如果轰炸仅毁坏一部分，那是我们的好运气。

在澜沧江上，我们甚至还建造了一座辅助的吊桥。这是一种老式的、手工锻铸的铁链桥。它的主桥是座长达122米的新式钢塔吊桥。

后者由熟练的架桥队建造，他们曾经建造过钱塘江铁路桥。其中一支队伍和我们合作过很长时间，最后我们把他们弄到这里来。他们是优秀的建筑队，都是北方人，精力充沛、健壮并且非常大胆，但有时也有点狂野而难以控制。

这座桥是由钱昌淦先生设计的，他是一位在美国留学的中国工程师，精通此道。桥梁建成不久，就遭到突袭，几乎全部被毁。那时钱昌淦在重庆，当他得知这个消息，马上搭乘飞机到昆明准备再驱车前往现场监督修复。不幸，他的飞机被日本人击中，他牺牲了。后来为了纪念他，这座桥梁修复后就命名为"昌淦桥"。

日本飞机第一次轰炸是在1940年的10月20日。

从这一天到第二年的 2 月 12 日之间，澜沧江的这座桥就遭到了 14 次突袭。

日本飞机总在正午和 1 点钟之间飞来投弹。从他们在法属印度支那（越南）的航空基地飞到大桥上空，需要几个小时，由于两岸悬崖陡峭，阳光直射峡谷也就在中午的 1 个多钟头时间，飞机只有这个机会可以精确地瞄准目标。其余时间内，大桥都隐藏在迷蒙和阴影之中。

因此突袭的时间可以估计出来。每天这个时刻，全体人员待命，抢修工程车做好准备，甚至连厨房车上的饭菜都烧了等着。有时炸弹仍然在爆炸，突袭还没有结束，他们就开始抢修工作。这是一项具有高度危险的工作。轰炸的期间，不管有什么样的危险和损失，我们一直保持着一支强大的 200 多人的桥梁抢修力量。他们几乎都是来自黄河地区的勇敢的建筑队。

如果没有足够的零备件，当然不可能快速修复。工程师和工人们说着不同的方言，技术标准化在中国根本就没有，零部件来自各个完全不同的国家。因此需要很多的时间才能拿到所需的零件，经过无数次的匆忙交流，才逐渐有了默契，仓库保管员很快就能找到你要的零件而不出差错。

修复一座桥最短的时间是 1 个钟头；最长的是 5 天 10 小时又 50 分钟。在这段期间，我们几乎建造了一座全新的桥梁，包括基础在内。一次，当怒江大桥遭到毁灭性突袭后，东京电台宣布它已被彻底摧毁无法修复了，接着非常高调地宣称滇缅公路至少要关闭3个月。在重庆的交通部也被广播弄得焦虑不安，急电要求不惜一切代价修复大桥，保证交通畅通。但是在电报收到时，车队已经再一次越过了怒江。这座怒江大桥，几乎是在完全被破坏之后，仅仅用了35个小时35分钟就再次通车。

在高山上俯瞰滇缅公路的盘山路段和怒江大桥

但滇缅公路重新开通，第一辆卡车通过这座大桥时，人们看到运载的不是战争物资，而是装着可以获得暴利的货物，这是一辆属于战争投机商的私人卡车。

付出数不尽的钱财和心血后看到这种情形，负责维护桥梁的工程技术人员的内心非常痛苦，工人的士气受到打击。不久，蒋委员长承认了我们的成就，并向工程技术人员和工人们发放了3万美元的奖金。人们都兴高采烈。

生活不仅艰苦，而且还有危险。工程师在指导白天公路的修复工作后，还要书写详细和正确的报告。他们年轻、强壮和好动，但这里没有任何娱乐活动。公路沿线至少有80个单位，公路管理部门尽力为他们提供收音机或者留声机。然而，他们也不能指望傍晚坐在小屋里什么也不干；当他们完成报告时，我向他们提出一个又一个的工程问题使他们不停忙碌，这样才不会惹是生非。

任何大小的餐宴对工人们都很有意义。有次我们准备把一些猪运到澜沧江的桥头上给工人们吃。可猪被运走后，才发现忘记带盐给他们了，没有盐，猪肉当然不会好吃的。我们赶快找个民工去报告情况。很明显，他意识到这个小差错将给同伴们带来很大的遗憾和失望，于是他拼命地奔跑了好多公里路去通知桥上的同伴，手里紧紧地握着宝贵的盐，满头大汗地跑到桥头时，盐早在他的手里溶解了。我们知道后深感内疚。从那以后，再为工人们发送猪时，一定不会再忘记盐了。

日本飞机对江桥的突袭有时候也会带来小小的好处。原来人们一直认为怒江里没有鱼。突袭后，竟然

会有许多奇怪的鱼浮现在江面上，有的被炸死，有的
因爆炸而惊愕。

其中有一种流线型的鲑鱼，长长的身子，窄窄的
头，差不多四五十公斤重。鱼身颜色是黄的，和江水
的颜色一样。在翻着白沫的淤泥般的江水中，很难发
现它们。它的味道十分鲜美。从此抓鱼就成了这里不
多的娱乐。我们也鼓励工人们这样做，因为它可以松
驰一下紧张的情绪。贫穷的劳工根本没有渔具，不过
还是有办法，在支流的小水塘或是一个瀑布下面，他
们用绑连在一起的衣服作为他们的渔网。

那个时候，公路上的运输量稳步增加。虽有抢险
的预防和抢救的措施，仍然发生许多事故使交通中断，
特别是轰炸已经变成了家常便饭。为了确保日益增加
的运输的通畅和安全，我们决定建造一座浮动渡口。

在荒野架设渡口要有些办法。一些航运建筑师准
备了图纸，但没造船专家，更没有机会弄到建造普通
船只的材料。必要的建筑钢板也要从很远的地方运来，
而且由于太大也不好运载。适合的木材也没有，松木
太扭曲，栗木又太重不好运输。

离这座桥不远的一个地方，一个汽车运输公司抛
弃了几百个空油桶。我们开始考虑利用这些废物。很
明显，它是对日本轰炸机非常具有吸引力的目标。如
从高空看到这么多的汽油桶，他们根本不知道里面有
没有汽油。尽管这样，我们还是决定利用这些空桶架
设渡口。

　　桶被安置在木制的外框内，外形就像一只船，下一个问题是如何操作它横渡狂暴的江面。江水常常汹涌澎湃，两岸的漩涡和逆流不可预知。既没船用引擎，也没螺旋桨，船舵在这样的情况下是没有用的。

　　江面上架起直径4厘米的钢缆，上面有自由运动的滑轮可以牵引渡船。由于江水湍急，滑轮时常拥塞，我们最后用轴承来代替。我们总算还有些柴油拖拉机。另一条钢缆挂在渡船上用一辆拖拉机在对岸拉。由于没有让出拖拉机活动的空间，就要在江两边开辟一条狭窄的通道，拖曳钢缆挂在滑车上以便拖拉机能够与河流呈直角运动来拖渡船到对岸。

　　两岸各有一台专用拖拉机，它们的运动必须保持同步：一台拉渡船时，对岸的另一台就要慢慢地行动，使得钢缆不致松弛。当渡船到达对岸后，工作又颠倒过来进行。

　　我们自制的渡船运转得很好。柴油拖拉机动力大，渡船可以载重8吨，这就意味着我们可以同时装运两辆卡车。每次12分钟。在抢修桥梁时，渡船仅仅因为敌人的轰炸中断了14个小时。我们就用这种辅助手段在怒江上运输了240辆卡车。渡船整夜工作，晚上用柴油照明，早上8点熄灭。

　　按照这样的速度太慢了，工人们也无其他的事可做。我们就考虑再制作一只渡船，仍然利用之前造船的方法，使用同样的材料，也是使用空油桶。工程师用油桶建造浮桥通常是根据双体船结构原理，将油桶并排在桥梁和渡船下游，用两根直径 5 厘米的钢缆穿起来。工作持续了好几个晚上，然而还是有一根钢缆意外中断。虽然一根钢缆足以支撑一只渡船，但是很明显，在急流中浮桥的重量过分依赖于一根钢缆是不行的。

浮桥的建设都是程式化的

增加钢缆即可支撑渡口，但是没有多余的，因为它们都用到了主桥上。只有靠我们自己再想办法。我有一次到重庆出差，一路反复想着解决办法。突然，在我的脑海里出现了《大众机械杂志》的一个画面——它是一张最新结构的图表，基本的原理是空气动力学，它只有很少的反作用力。

　　下关的总部没有大河可供试验，但在办公室外面有条小河，湍急程度和怒江差不多，就在具有历史意义的诸葛亮俘获孟获的地方。我决定在这里做模拟试验，用一些空香烟锡纸，制作了两个按比例缩小的渡船。第一个实验是根据一般的原理，也就是双体船；另外一个是根据空气动力学原理，船的头部是圆的，船身和尾部像飞机一样细长。

　　这艘渡船很快被一根钢缆拉着穿过水流。我们试验的这艘旧式渡船，使用仅有的拉力记录表。我量过拉力，注明是 4.5 公斤。下一个我们应用的试验，拉力仅仅是 2.7 公斤。就是这么小的比例，仍然可以表明它们是有差别的。

　　有了结论，带着这个基本的证据，回到了现场，建造了新式渡船。在建造中我们利用空气动力学原理减少钢缆的拉力，这样 2 英寸的钢缆就完全能够安全地使用了。

　　这艘渡船一完成，我们又在澜沧江主桥不到 2 公里附近架设了另外一座浮桥。由于江岸峭壁太垂直，疟疾太可怕，使得我们付出了 50 个工人的生命才又修筑了一条公路支线到达这里。

　　由于我们很好地保留了设计图副本，熟练掌握了技术并拥有足够的空油桶，所以一个新的渡船或者浮桥可以在一天内建成，对任何意外事故也有准备。最后，日本人发现了，又开始试图轰炸毁灭桥梁来阻止公路上的交通。

在永平河，还有一些其他的麻烦。在那里，自从公路的交通开放以来，有一个老的石头拱桥看来被高海拔的雨季的洪水将它冲坏了，使工程人员感到棘手。唯一的可能性是修筑一条用木头搭建的桥头堡的临时吊桥。10天后我们完成了，工作非常紧张，汗水湿了皮肤，在狂暴的洪流冲泻到对岸前，依靠几乎是自杀式的游泳者的帮助，终于拉起了钢缆。在怒江和澜沧江都是这样做的。

不久，另外一个永久的木桥也平行地架设起来了。漾濞河的河床都是一些流沙。两台柴油挖掘机运到，改装成一吨汽锤的打桩机使用，每分钟打击30下。高效率的现代机械使工作很快就完成了，费用仅是人力的1/10，柴油消耗仅价值80美元。整个工期只有两个月。

架设漾濞桥时使用一台打桩机

获得使用柴油打桩机的经验，受益匪浅。过去，在上海用蒸汽打桩机，地基建筑的进度像毛虫爬行那样慢。设备效率不高，而且很笨重。柴油打桩机就好多了，搬运也很便利。这样的设备在从事现代公路、铁路以及民用建筑上，有个光明的未来。

我们已经说到桥梁很快就架设好了，每个方面都是一个特别的挑战。比如它的暗渠。工程师都认为建筑物的阴沟是第二重要的。但是，在这个地区，当雨季来临时，雨水像洪水似的冲泻着木梁，排水问题是非常严重的。

公路开通后的第一个雨季，我们在芒市。经过观察，洪水在公路上冲泻出沟槽，由于排水不充分，增加了塌方的危险。由于雨不停地下着和材料的不足，石头的排水沟没法修建，暗渠得立刻建造。在那里除了竹子，没有其他材料，只有 2~3 厘米直径的竹子，本身硬度不够，还要用竹枝和树枝来补充。一旦有了机会，我们马上以石头和废油桶制作的暗渠来代替。最后我们用瓦棱铁片，事实证明它是最令人满意的，在今后的公路建设中成为一种标准。

除了三座大桥之外，我们还在无数公路必经的峡谷和小河上建造了 460 座不同类型的桥梁，总长度有 2896 米。其中有 142 座是中国山水画上经常看到的那种类型的石拱桥，有个半圆的拱形。这种半圆拱形是建筑城门和庙宇大门的标准结构。但是，这种结构不用在居住建筑物上，因为人们认为它是不吉利的。

这种所谓的"骆驼背"形式，甚至栏杆也是石头做的，并进行精巧的艺术装饰，经常是雕刻狮子头。半圆结构能承受最大的压力。我们建造的桥梁，要有相当高度的拱形，是石匠们都知道的方法。

研究石拱桥的建筑史可以了解这样一个事实，就是中国使用石头建筑材料并使之标准化已经有许多世纪了。当时的朝廷根据每个城市的面积都要建造一座城墙，每块石头都是按照一个确定的尺寸切割。高级技术官员由皇帝派遣，既进行指导也进行监督。他们不使用图纸，而是用模型；他们不仅建造城墙而且也建造寺庙和宫殿、城门和宝塔，都有明确的比例。每件建筑材料都有作为工作表的黄纸尺寸，都是这样用的，且符合要求。按照这样的方法，每一部分都很标准化，并且也容易替换，现在用机械制作石材的方法至少可以追溯到2000年前。

事实就是公元前255年，秦始皇时代建造的中国万里长城，长达3200多公里，完全是标准化的建筑结构，在东端的和在西端的砖块，尺度相同。

我们竭尽全力来建造桥梁，我们祖先早就很好地做了。他们的成就之一，上面已提到。在1908年，一个满族将军升允，他是陕甘总督，在兰州北门的黄河上建造了一个现代的悬挂式铁桥。

按当时货币计算的40万元造价预算，由这个省累积的收入中支出。横梁和钢材都是通过京汉铁路从汉口经过郑州运来。全长1448公里，其中还使用骆驼穿过山峡运来，由 60 只骆驼驮一根横梁。建造这座桥梁耗时 3 年。

升允总督遇到没完没了的困难和反对。这个省的回族不支持这个项目，因为他们垄断了黄河上的渡船。总督在桥头立了一个石碑记载了这些当时他面临的困难和他的失望。他在石碑上写道："我希望今后的人民能认识到这座桥的意义，虽然我现在的工作未被赏识。"

在他死后不久，他的努力就得到了证实。抗战开始时有些军需品要从苏联运来，这座桥为国家做出了贡献。在那些年代里，这座桥是非常完善的，这样的结构，甚至没有更多的铆钉。我们称赞他的功绩，他在筑桥方面所做的贡献超过了我们，在巨大的压力下，对此事的热爱和为今后考虑使他战胜了困难。

就我们自己的桥而言，这些地区的每座重要的老桥两端，都有一个供奉桥神的小庙。人们过桥时响铃是表示他们对桥神的敬意，这已经是种习俗了。桥附近的居民在桥神的生日也要到这里来供奉。

这种习俗的形成表现了人们的伟大智慧，通过对桥神的供奉让人民自己来保护桥。中国人如果希望他们的后代对某事物表示崇敬和保护，总是这样。就是这个原因，许多老的塔寺、老的纪念碑以及寺庙至今保存完好。

我们祖先非常明智地认识到：某些民众中的情绪形成的力量虽然不是永恒的，但这个力量一旦被释放出来，他们期望保护的对象将被愤怒的人民破坏。只有使他们对这个事物产生敬重，才可以维持许多年代。这个事实不仅仅表现在建筑物上，在民间风俗上也是如此，这就是为什么有这样多的民间风俗习惯一代一代地传下去而没有一丝走样的原因。所以我们的人同样也恪守这个习俗，过桥时也要供奉桥神，同时也修复了一些残破的寺庙和纪念碑。

从一个桥梁工程师的观点看，这些桥梁在使用方面一定发生了很多意外事故，特别是竹绳吊桥，因为它有很大的弹性，为了避免落桥，使得人必须以一定的速度过桥，既不能太慢又不能太快。

这一事件给人留下的印象极深，无论现代受过良好教育的，还是受过符合科学的训练者，他们全部开始相信桥神，按照古老的习俗虔诚地参拜。

我多么希望许多人在非常舒适和方便地通过这些桥梁时，应该停下来沉思这些过去丰富的传说，以及想到那些经过辛苦努力才建造了能使他们平稳、安全地通过这些桥梁的人们！

滇缅公路纪行

现在让我们沿着滇缅公路来次旅行，这样，读者对沿途不同民族的习俗、当地的气候和山水都将有一个完整的印象。

我们首先从昆明出发，这是公路的东端。出发之前，让我们对这座城市本身有个详细的了解。

正如前面所述，战时的昆明，生活一点也不像个古老的城市。在她的历史中，从来都没像现在这样，步行通过市中心，感觉完全是在上海：人们身着西服，女人穿高级丝袜、高跟鞋和头发烫成波浪形，虽然烫发是明令禁止的。人人当时都追求最时髦的三样东西：欧米茄手表、51型派克钢笔和最高级的化妆品。

一些上海人从国外带来一些所谓"摩登"习惯，在我看来是西方人最坏的毛病，而这些上海人一味地模仿又走了样。例如：根据古老的观念，中国人的婚礼和葬礼仪式上，要演奏传统的中国音乐，而他们却弄来一支西洋铜管乐队。使得吹奏的音乐和仪式非常不协调，甚至滑稽，若它演奏一些中国传统的古老音乐就更显得愚蠢。这些号手邋邋遢遢地穿着那种颜色和式样都很特别的制服，其中一名号手甚至还戴着一顶德国军人在第一次世界大战时曾戴过的钢盔。我弄不清楚他为什么要戴这样的钢盔，好像仅仅出于他们那种职业的好奇心。

前面已经说到，这里什么国家的人都有：美国人大部分是汽车推销商和搞无线电的，搞无线电的都属一支美国空军部队；安南人，经营小餐厅和裁缝店，其中大部分也是香蕉售货员；缅甸人和印度人最多的是卡车司机；有些法国人，都是开办医院和五金器具商店的；而希腊人，总是经营着旅馆、餐厅和酒吧。

随处可见的是中国卡车司机。其特点使人远在一两公里外就能认出他们。他们统统不戴帽子，如果有钱，就穿着在仰光买的羊皮夹克；如果没钱，就穿着在大理买的黄卡其布裤子。短夹克下面总穿着条有巨大口袋的裤子，里面鼓鼓囊囊的塞满了银行兑票。几乎每个司机右手的中指上都戴着一个有他们名字的象牙戒指，是种不变的符号，也可以说是他们的"商标"，或是个人印章。

外来人集中处的旁边，就是仍然过着悠闲安静生活的老昆明人，那种具有古老中国孔孟之道温文尔雅绅士风度的老人，仍然过着与世无争的日子，他们虽然正在逐步消失却仍然存在。过去的昆明，无论如何，我都具极大兴趣。

这座老城，原来的特点还残留着许多。例如，在城郊，有座"金殿"，屋顶覆盖的青铜瓷砖看起来金碧辉煌。这里也有许多1500年前后唐时期样式的塔寺，存有佛教寺庙来自印度和西藏的佛经。在这里还发现了两棵独具特色的树种。一棵是李子树，它可以追溯到公元700年，这棵老树仅有一些树枝存活，可它每年都开花结果。另一棵是很大的丝柏，种植在公元1000年间。

北郊值得注意的是筇竹寺，很少有外国人知道，至少有点特别，必须要有政府的特别许可才能进入。这儿有500尊佛塑像，名叫"罗汉"，500个罗汉中没有一个的相貌和其他的彼此相似。它们都是出自一个有名的雕刻家之手，他根本不用任何模型或图纸，完全凭他的想象。然而这些雕像比例仍然非常完美。这位雕刻家除了做这被认为是低下的、同时又是特别的工作外，一生没做过其他任何工作。雕塑完成于唐朝时代，它被认为是最好的佛像。另外有名的佛像是在甘肃油田附近的敦煌。

有两个湖为昆明的风景增色不少。一个在城内，就是前面已经描述过的翠湖。另外一个坐落在城郊，它的名字就是这个城市的名字，昆明湖（滇池）。这是中国最美丽的湖之一，水里的倒影是披着绿妆的山和苍劲的古木，湖面上常常漂浮着淡淡的雾。湖的一方是现代化的工厂区，有发电厂和无线电台；另外一边是古老的寺庙。

昆明湖也有一个令人忧伤的历史故事，发生在50年前那场我们吃了败仗的中日甲午战争时期。故事是皇太后慈禧喜欢昆明湖着了迷，就命令在北京的皇家夏宫颐和园仿造一个，同样也叫昆明湖。为了建造昆明湖，她动用了为抵御日本的侵略而专门拨出来建设我们海军的预算，并撤销了为建造装甲舰和英国造船所原先签订的合同。结果，战争来临时，因没有强大的海军防卫，我们被日本打败。

为了代替那些必需的军舰，慈禧皇太后要人专门在湖里用大理石建造了一只石舫，上面雕刻着复杂的桨轮，并用精美的汉白玉铺设地板。这只石舫的确是由一个熟练的海军建筑师设计完成，虽然他失去了设计铁甲舰的机会。我肯定慈禧皇太后没有兴趣乘坐这只石舫外出巡视，因为它的速度是零，而且夏天湖面上有很多蚊子。我们可怜的祖国为了这个女人一时的兴致付出了沉重的代价。

昆明城郊十来公里处，是位叫陈纳德的美国将军率领的美国空军部队，也就是"飞虎队"的基地。战争初期，到达机场的路泥滑粗糙。不论何时，美国飞行员和地勤人员听到空袭警报就不顾危险在这条路上驱车高速行驶，尽快到达基地驾驶他们的飞机升空迎敌。

结果，这条路上经常发生事故，1942年，政府下令为它铺设柏油。虽然这条路不在我们的管辖权内，柏油却是由我们在下关的基地供应，这些柏油原来是准备用在滇缅公路上的。就是否可以移作他用，曾经发生争论，因为我们太缺乏它了。但是那条路同样需要，我们只好照办。铺设柏油的工作耗时两个月。由于柏油的数量有限，柏油铺设得很浅，不过至少可以用3年。

现在继续我们的旅行。通过城外西门零公里的里程碑，那里有两个石柱子，横在上面的牌子上写着："滇缅公路——交通部"。我们在这条柏油铺设得很好的路上行驶，从昆明湖直到远处的山边，新兴的市郊就在这里，因为许多有钱的人为了躲避轰炸在这里建造了他们的别墅，新的医院也在这里。柏油路使得这里的居民来往于居住地和工作的城市商业中心、办公室，仅仅只要几分钟时间。

昆明的西郊相对平坦，公路两边是大片大片的稻田，景色优美，远方山上有许多扭曲的松树和宝塔。总之，这次像是一次令人愉快的假日外出旅行。

沿途第一站是安宁，在昆明以西30来公里。"安宁"就是"没有任何烦恼打扰"的意思，古代这里是保卫昆明西郊的一个要塞。从安宁经过一条土路再北行大约4～5公里，就到一个四面由森林和群山环绕的美丽温泉地，这是人们的度假胜地，坐落着许多别具风格的幽雅别墅，其中包括典型的西班牙结构。印象最深刻的是滇军司令官卢汉将军的宅子，里面有个室内游泳池大小的洗澡池，山上的温泉直接流进其中，室内装饰着白色马赛克，摆放着大理石的长椅子。宅子外表看起来是低矮和简单的，但有一个可以看到漂亮的花园里的许多稀罕果树的宽阔阳台。旁边是个很舒适的现代大宾馆，老板是个精力充沛的有名孀妇，她同时还管理着其他宾馆和一个电影院。

宜人的气候和美丽的环境，是休息疗养的好地方，不幸的是，我从来没有机会在晚上欣赏这里的高雅气息。

距离昆明 105 公里，我们来到禄丰。这里曾是军事要地。过了禄丰不远处的一条小河旁边，是一个几乎完全垂直的峡谷，地质结构是古老坚硬的灰色石灰岩，很易断裂，筑路时使我们伤透了脑筋。战前，由于山崩，公路每年至少有两个月中断。1941 年，这里发生了一次造成惨重损失的山崩，我在前面已经描述过。

下个城镇是一平浪，中文的意思是"风平浪静"，它是云南省最重要的盐业基地，除了供应本省，同时还供应广西省和贵州省。盐的垄断权当然是属于政府，它是云南重要的财政支柱之一。一座砖瓦结构带有钢窗和高烟囱的建筑物，是个现代化的盐精炼厂。这种现代的建筑物在中国西部各省都很难见到。

盐矿附近的地下还储藏着丰富的煤矿资源。盐卤水通过一个很深的洞从岩石中渗透出来，再输入一个外面由泥土包住防止破裂的巨大的陶管里，这个陶管绵延 30 多公里流到煤矿厂进行蒸发制盐。因为卤水是沸腾的，从它可获得苏打和其他副产品。盐卤水被倒入打开的桶里制成锅盐。这些盐块，每个重 70 公斤，然后用皮绳捆在骡马的背上，人们将锅盐带到 100 多公里之外的昆明去卖。

从一平浪继续向西前进，路面有石头而且松软，但一到雨季就变得泥泞。我们很快就要穿过一座名叫池山铺的山，由于泥滑，每年雨季这里都有很多麻烦。

它确是一个荒野之区，野兽和盗贼出没。路本为消灭这些歹徒的军事行动而建造，有了路，军队就用不着爬山打仗。所以这些简陋的山路根本不适合现代建筑的需要。

第一个晚上的住宿点是距离昆明192公里的楚雄市，这个城市的名字起源于一个楚国英雄征服了这一地区。它是古代一个军事战略要地，就是今天，它的老城仍然存留着这样的遗迹。

今天，公路指挥部在这里拥有装备舒适的现代化招待所。这里气候很好，是个提供中途停留的愉快之地，有商店、车库以及大量的露天停车场，还有一个飞机场。

继续向西，不久就到达公路的最高点，是著名的天子庙坡，最高峰海拔2600米。它的公路工程依然给我们的工程技术人员留下了深刻的印象。由于附近没有水，全靠用水箱从远处运来。路边的石头都是由工人们从山谷里用一种木桶一点一点地背到公路上的。当时，在这一带干活的汉族劳工也住在这个山谷里，为他们建有暂时的帐篷。如果他们住在家里，那么他们将要攀登几乎一天的路才能来到工地。也为这个原因，我们雇佣了附近的倮倮族人来工作。

西行20英里就到了另外一座山前——"定西岭"。中文的意思就是，征服了这座山后，就很容易控制西面了。由于这一带是坚硬的石灰石，路现在很好了。

越过定西岭，一个惊人的全景展现眼前。西面的远方，是幅生动的画面：崎岖不平的苍山、流水以及蓝天似的可爱的大理湖。我们那天整个下午都待在这个坡地上。面对太阳放射玫瑰色所染红的云彩。当它慢慢落在黑色的群山之后，所有颜色又发生了变化。

这个坡地是在一个海拔1890米的高地上。不远的地方就是凤仪城。凤仪在中国是一种幸运鸟的名字，是种不存在于现实中的凤凰，它多次在中国艺术中再生，是我们最流行的修饰图案，其有名程度仅次于象征古老中国的龙。这个城镇虽然很小，却出现了许多有学问的人。这就不难懂得为什么这里叫这个名字。学者的出现需要本地区的繁荣、一个愉快的气候、美丽温和的环境和松树覆盖的群山等等，是对冥思静想有利的基本要素。

路边有幢很好的老房子曾是名流学者聚集的地方。它是典型的古代中国学校的式样，是一个很好的建筑，坐落在一个相当安静美丽而又与世隔绝的地方，所有这些都是有益于深思冥想的。墙上画着美妙的中国式的圣经故事。比如，画着一棵枝叶茂密的根基很浅的树，它暗示树若长高就要领略风的力量；因此一个人就像一棵树，成长慢但根基很稳的话，风来了，它就站得住。

我们现在来到了下关，有段时期，这里是公路指挥部所在地。距离昆明有418公里，是个传统的进出口市场，有很多餐厅和招待所。沿一条支线再向北走16公里，可到风景如画的大理。

大理多年来一直是汉人和边疆土著民族相互交换

货物的场所，总是非常繁盛，且一直保留着过去独特的风俗。人们仍然穿着精心制作的宽松的服装，上面有美妙的金线刺绣的装饰，这种服饰流行了几个世纪，类似艺术品。如果能得到一对他们制作的美丽枕头，是每个旅游者的愿望。我的欧洲朋友曾经来过这里，后来要求我用邮递急件给他们寄这种绣花枕头。

每天，人们都聚集在路边人行道的茶馆里喝茶和闲聊。大理的茶有特殊的香味。本地人招待贵宾时，会烘烤一种散发出特别令人愉快的香味的新茶。所有的店主每时每刻都在柜台上放盆非常美丽的鲜花。由于适宜的气候，花朵都非常大而鲜丽。店主们对自己的花很得意。这里经常发生的争论就是到底是谁家的花最美。

看着这古雅的、吸引人的、传袭了多少代几乎没有什么变化的风俗，我感慨虽然他们的生活是如此简单，没有那些现代娱乐必需的电影院和收音机等设备，他们却从古老的历史中获得许多愉快和满足。

大理在全中国出名，是因为这里的石头。事实上英文"MARBLE"在中文里就是大理的石头之意。它被认为是最好的装饰品之一，每个老式家庭里的硬木椅子中间都必须镶有一块大理石。

大理石的形成，从地质学上看，是石灰石在没有空气的特殊条件下，高温高压作用的结果，通常是由地震和火山造成。这就是意大利为什么有很好的大理石的原因。大理可能过去频繁地发生地震，使得这里丰富的石灰石也变成了大理石。这里的地震好像至今仍在继续。

采石场距离大理城有 8 公里。如果采石场用机械代替手工操作，那么大理石将成为供应全国的重要资源之一。大理有许多商店都销售大理石，有一位老板使用了一个不平常的创意来出售他的大理石，他在一块有着绿得灿烂的色块附着纯白色背景的风景画似的大理石上雕刻了类似马赛克的绘画。当我第一次看见它时，老板只要 10 美元。当我要买时，他又不干了。我就站在那儿看他卖，直到价格狂飙到了 1000 美元。可能是这块大理石有一种使他着魔的力量：他总是吹嘘物美价廉，但是当生意来的时候，他又决不让他的产品离他而去。

每年 4 月底 5 月初的前 3 天，蒙古人和西藏人从数百公里外的高山上来到这里参加大集市。这个时候，可以听到许多奇怪的方言，看见许多稀奇的事。他们以最不寻常的方式进行着产品的出售或者实物交易。

虽然藏族人是不发达的古老民族，却很喜欢说话，而且也很流利，语言里流露着机智。中国最能说话的人来自四川和天津，但是西藏人比他们的话还要多。我认为这种流畅语言的产生是他们从小就没完没了地争论佛经的结果。他们喜欢乱砍价，当他们希望买一件物品时总是要询价无数次才决定购买。

蒙古人大多沉默寡言。说话时喉音咕哝咕哝的，谁也听不清楚。他们赶来主要为了贩卖马和骡子。他们卖动物一般不收钱币，而是实物交换，他们最需要茶和盐。

蒙古人总是在马的交易中智取别人。在大西北筑路时，我常常把旧轮胎安装在两轮运货马车上，很好用。现在也想把这种马车用在修筑滇缅公路上，就到蒙古人那里去买一些马。他们卖给我们的骡马看起来都是又大又壮，腹部鼓得很大。以后我们才知道骡马的大腹不是它们强壮的标志，而是生病。真正强壮的都是小腹和大尾巴。

从大理城内看大理城门

当集市结束时，蒙古人和西藏人就用赛马和舞蹈来欢庆，赛马是比速度，同时也表演马背上的各种技能，就像马戏团的特技。意图是出售他们的马，但是你会发现这些表演的马是从不在集市上出现的。永远不会停下来的舞蹈也是奇异和不可思议的。男女舞蹈者都是各人跳各人的，并不联合进行，跳舞的节奏伴随着竹笛、重重敲打皮鼓的音乐和简单的步幅慢慢进行着。我从来没有听到过的这种奇怪的乐曲。

这些集市的风俗几乎没有什么变化地延续了数千年。西方人在这里可能看起来根本不像在中国。对于一个有着古典文学背景的中国人，如果是第一次观看，那也是一段不平凡的经历。

大理的郊区是大理湖，有 49 公里长、16～24 公里宽。它也叫洱海，意思是外形好似耳朵的湖。旁边有美丽的白色大理石宝塔，建造于 1000 年前的宋朝。我猜测，湖原来可能很大，且时有洪灾，造成惨重的人力、物力损失。建造宝塔的高地可能就是当时人们可以避难的地方。塔内的石碑记载着人们试图控制洪水的措施，以及给予后代防洪的一些有益的建议。这是古代中国人的诀窍。当他们希望一个工程系统可以永久保留时，那么，他们就建造一个神的符号，使得无人敢打扰它们。表面上看，宝塔的用途是为了保持神的旨意。这样也就把宝塔本身留给了后代。

大理湖畔有个度假胜地，位于非常出名的息龙花园中间，后面是大峡谷。我几乎到过世界各地，却没看到有一个地方可以和它相比，包括瑞士最美的地方。

息龙花园坐落在一块优雅的向湖倾斜的小高地上。气候是完美的，空气干燥很有刺激性，阳光灿烂明媚。在那里所看到的一切都可以大饱眼福，碧波荡漾的湖水和白雪皑皑的苍山峭壁就在眼前。

耳边总是传来溪流的涓涓和小鸟不停地悦耳啭鸣，那是甜蜜的歌声。风卷残云环绕着雪山，显得非常协调，和下关的狂躁、粗野的气氛截然不同。在到这个花园之前，一路飘逸着森林松脂的气味和懒洋洋的湖水气味，使人飘飘欲仙。

花园里的墙是用花岗岩以中西混合格调建造的。它包括一个大餐厅和几间卧室。小路用白色大理石碎块手工镶嵌，就像一条巴西的马赛克人行道。花园里拥有的几乎是中国所有品种的花，但是，不知它们的尺寸为何都大了许多。里面的庭院套着的庭院使人迷惑。每座墙都有一个圆形结构的门，看起来很迷人，这里的美景使人看都看不过来。一进入客厅，悬挂着一句富有诗意的条幅，用它来形容这里是最恰当的："永远不允许春天从这里走开。"这可以说是每一个来访者的同感。

我曾愉快地在这里度过了许多个星期日的下午。战后，可以把这里办成向公众开放的度假胜地。夏季，大理湖可以航行，坐摩托艇，游水及钓鱼。冬季，可以狩猎，有狼、野牛、羚羊、狐狸和又大又肥的黄野鸭。

我常有机会成为主人邀请的客人到此。通常来客都要在此过夜。我会建议来客停留一天，一方面出于礼貌，另一方面是为希望逗留又不好意思提出来的客人考虑。无论从公路的哪一端过来，这里都位于中间，人们几天来都在紧张地赶路，而且还要几天才能到达公路终点，如果不中途休息一下，是容易出事故的。

一般都是邀请客人留下来以后，我们就到16公里外的办公室把床罩和食物取来，厨子和侍者也应事先做好准备。客人们出于礼貌，总是说："非常谢谢你，但我不能停留。有急事要办，必须马上走。"尽管这样，我还是要及时通知厨子和侍者为第二天做准备。因为到了晚上，他们总是被这里的魅力所吸引，会对我说："我休息得很好。这里的景色很美丽，空气很新鲜。如果不会使你太麻烦的话，我希望再待一天。"我常和他们开玩笑，告诉他们什么也没准备，因为他们先前是说要走的，看着他们的尴尬样，我很开心。实际上我们早就为他们在这里过夜做好了准备。

美国大使约翰逊先生，曾经也是我们的客人，他不睡在床上，而坚持要在阳台的睡袋里过夜，以便领略月光下湖水的美景，这是大理的一大景观。

有一次，我们想用冰啤酒招待另一位著名的贵宾。但是在下关没有冰，只好利用花园前面的融雪来冰冻，用根细绳把酒瓶放到水里，这样就能够使啤酒冷冻了。

从湖里终年流向许多江河的急流，蕴藏着丰富的能源。大理湖本身就是个巨大的水库。

战后，下关最好的投资项目是在湖边建立一些榨棉厂和棉纺厂。这一地区的各族人民，西藏人、蒙古人以及边界少数民族，如同云南的所有居民一样，都是棉制品的消费者。这里除了很少的地方种植少量供家用的棉花外，大部分是不种棉的。每年，人们赶着骡马，挑着担子，满载着黄绸、茶、盐和来自缅甸或者远在千里之外的中国其他省份的药品离开下关，去做生意，返回时都带着棉纱。由于距离遥远，棉织品价格很高。

在这里建造一个发电厂，每天至少要输出 1 万千瓦的电力，才能满足巨大的市场需要。战前，德国人派了一些工程师来下关调查水能资源。云南省经济委员会保存有柏林西门子公司对此的初步评估，这家公司在 40 年前为昆明提供了水力发电厂。战后可能中国要为这里制定水力发电的计划。

离开下关后，我们很快就进入了坚硬的岩石地区，不久到达了漾濞河。河水来自雪山，非常湍急、清澈和冰凉。它距离昆明 467 公里。在到达吊桥之前，我们首先到了漾濞城，这是一个很小的多山的三类城镇。这里有许多土法的水能碾米磨坊。最有名的是板栗和鸭蛋，都很好吃。

这里的居民很有特色。尤其是中国的回族，高大而强壮，仍然遵循着大部分阿拉伯伊斯兰教徒的古老仪式，戴红色土耳其毡帽，读《可兰经》。这一地区非常贫穷。居住在城外的人由于营养不良而有些矮小纤弱。甲状腺肿普遍存在，还有麻风病。人们脸呈菜黄色，也许都患有慢性疟疾，或是肾病，都是由于低劣的食物造成的。

离开漾濞，公路有很多弯道。这里的岩石低劣，要小心搬运才不会破碎。就为这些原因，建筑和维护公路在这里很让人头痛。但这个工段的工程师非常优秀，不管有多少障碍，仍然很好地完成了任务。

我们现在要通过公路的第二个高点，海拔2377米。山下是永平城。永平的意思是"征服之后，永远和平"。毫无疑问，由于这里的大森林和寒冷的山顶，使得古代的将军花了很长时间才征服这片土地，所以给这个城市取了这样的名字。永平的地质结构是奇特的，叫作"铁热巢"（the ironnuts' nests）。到处散布有磁力的铁矿石。

这个区域著名的物品，是琥珀色和玉石般的非常特殊的黑色漆器。当地人以其秘密的技术制得它特耐高温。

保山在公路开通以后发生了彻底的改变。至少有25个单位的办公室在这里。一天总有将近500辆汽车在这里的停车场逗留。当地木匠为公路指挥部修建了一个大车库、一个车间、一个公车站和一个最现代的加油站。

城市各种噪音、郊外丛林中的鸟叫以及人们当作宠物收养的学舌鹦鹉声，混在一起，成为保山的一个特色。许多刚来的司机在人家大门外老是听到里面像孩子一样的牙牙学语声，进去一看，结果是鹦鹉。

这里的任何旅店或饭馆都没有单人木床，而是大通铺。城市照明是用煤油灯，本地人没有受到多少他们每天都能接触到的现代生活的影响，仍然保留他们古老的风俗。保山是现代人类开拓疆域的前哨，这里的每件事都很奇怪，岩石坚硬，峡谷深邃，气候恶劣，特别是使人窒息的低地的闷热和猖獗的疟疾。

从遥远的山道上，我们就能看到怒江的大桥——惠通桥。在怒江大峡谷的最高峰，也是公路向大桥方向下坡前，有片荒坡叫"龙洞"。离开龙洞，驱车在短短的33公里的距离内，竟从海拔1950米一下降到了海拔738米。行驶这段路非常可怕和糟糕，陡峭的坡度、无数的"U"形弯道，侧面是怒江的万丈深渊。由于下降得太突然，使人产生如同飞机着陆或从摩天大楼的顶层电梯一下到最底层的那种耳鸣。由于路面不平，颠簸得很难把握方向盘。司机在几秒钟内就会因眩晕而丧失勇气，会晕得开着车冲向悬崖。温度的变化也非常强烈和突然。在山上时还要穿很多衣服，但到了峡谷底部，那种令人窒息的闷热使你恨不得脱个精光。

过了怒江，公路急剧向上攀登，其险峻程度甚至超过对岸，在28公里的距离内又从海拔738米一下子爬到2070米的高度。再一次感到寒冷。印度和缅甸司机最恨这个地方。通常，他们只有一套衣服，突冷突热叫他们简直受不了。

峡谷这一面的山顶地区是个叫腊勐（即松山）的

无人区。但这里也有宜人之处，地势高、凉爽、很少有蚊子，是个维修车辆的好场所。所以指挥部在这里建立了一个小小的据点，有住房、车库、加油站、商店及医院。傣族老百姓也开始来这里种植蔬菜和放养猪以适应新的需求，从前的蛮荒之地变得繁荣和兴旺起来。但这里仍然与世隔绝，虽然没有战争但很容易遭到劫掠。

慢慢下山，就到了距离昆明856公里的一个汉族城镇龙陵。龙陵海拔1372米，空气凉爽但仍有疟蚊。雨水甚至比傣族地区还多。龙陵的意思是"龙的坟墓"。古老的中国理论认为，云是龙的呼吸。因此，龙喜欢生活在雨水多的地方。

这段路况保持良好。护路工作由汉族女孩子（其中一些是学生）负责。这里盛产稻米，女孩子们身体强健，很能干。龙陵以西3.2公里的地方就到了汉族地方行政官员管辖区和傣族宣慰使统治区的分界线了。从这里再往西，变成了亚热带气候，这使我相信这条分界线不可能只以气候为根据，而不考虑地理结构所精心选择的。

我们通过群山和深邃的峡谷，站在高山上眺望龙陵西郊，地势开始平缓，这里有一个叫"南天门"的村寨，"南天门"的意思是"南方天堂的大门"，它位于一个深深的峡谷上面，古老的要塞只需很少的军士把守，就能抵御任何进攻。在这一地带建筑公路并没多少有利的因素：到处都是风化的石灰石和砂岩，路基非常松软。最后，我们不得不完全放弃原来的路线，然后在新的路线上建柏油路。

从南天门向西望去就是平原。由于有雾，什么都看不清，这就是臭名昭彰的"瘴气"，它漂浮在丛林、小溪和无数的池塘上空。山下就是放马村，意思是"骑兵屯"。但是四周看不到一匹马。这个名字出自过去一个骑在马背上的民族征服了这个小盆地的故事。他们原来以放马为生，后来在这里既得到了粮食也得到了休养，所以马的用途也就不多了。

芒市是傣族人和汉人的边界线。从这里开始，什么都很奇怪：既不像中国也不像外国。应该说，这里的人民是另外一种中国人，风景如画之地，一切都与内地迥异。人们戴着像个大蘑菇的帽子，形似汉族的斗笠。这里的牛不像我家乡的牛，而是一种亚热带的变种。这里的傣族女孩子携带物品的方法是用一根绳索捆着一个盛器，再把物品放在上面，用双肩支撑着。我认为这不是最合逻辑的方法，为了保持平衡，走路时她们要不停地换肩。

从前中国人称所有的外国人为"夷"；而傣族人就被叫作"摆夷"，"摆"的意思是大钟里的钟摆。我弄不懂这样称呼的原因，请教当地的宣慰使方先生。最后才搞清，这个称呼是因为他们携带重物行走时一摇一摆的很像钟摆的样子，所以就叫他们为钟摆人。

我们曾试着让女孩子改变她们的方法，特别是运水。但她们向我们抗议：如果她们运水要悬挂长长的绳索，无法平衡，就无法工作。我们最后确信她们的方法同样符合逻辑。

我们仍有许许多多奇事没能弄懂。例如，如要这些女孩子带些轻便的东西，她们就会慢悠悠地走；若有重负，她们反而走得很快。

芒市是傣族地区最富饶、最大的城镇。在芒市，只有贵族的房子是砖瓦房，是保山的汉族石工建造的；其余的都是稻草房。方先生的全名是 FANG Yu-tze，是他未成年的侄子的摄政官，实际是真正的统治者。他的房子是上一辈留下来的。在花园里他又建造了一座缅甸格调的别墅，有现代的沐浴室、花园、车库和办公室。

芒市开始繁荣后，有个工程师建议他建造一座更好的别墅。他又建了个带有美丽的阳台、现代的家具、自来水以及汽油冷藏库的别墅，并用他妻子的名字命名"爱答楼"。以后这里就成了他的家。他是个好外交官，当芒市出现机会时，他马上变成了一个非常成功的商人：一个重要的卡车经营者、承包商和大米销售商。他拥有丰富的原材料和充足的廉价劳动力，这些条件很容易使他获得成功。但他从不为自己的人民修条公路或一个市场。

芒市盆地边缘是狩猎部族居住的泥泞山区。而另外一个小平原就是章凤地区，它比较窄小，但居民也很富。章凤有条湍急的河，河的上游山区却居住着狩猎部族中一个非常野蛮的支系，他们经常冲下山进行抢掠和杀戮，然后游泳或划独木舟从这条河逃进山里。

现在公路来到黑山门的西南口，黑山门的意思是"黑山之大门"。这里的石头很容易被汽车压碎，基本无法用。我们只好从远处运来适合筑路的石头。

公路蜿蜒曲折，很少有一小段路是直线进入畹町。畹町是缅甸和中国的交界处。它距离昆明有965公里，是滇缅公路中国负责建筑部分的终点。这里异常酷热，过去除了很少的狩猎部族游荡外，没有人烟。海关设在一个小茅舍里，检查和防止来往的人们走私，但是狩猎部族把它烧了。他们大规模地走私而不惧怕任何干涉。

在畹町，我们没有发现任何级别的政府机构。为了方便进口和车辆登记，公路局在这里兴建了一个办事处，房子、银行及政府办公室都有了。楼房耸立在山坡上。在晚上，看着静静的河和建筑物，就像香港的一个缩影。

小河的另一方，有个缅甸小村庄叫Kiukok。英国人也把他们的海关办公室从腊戍搬到了那里，警卫基本是印度人。珍珠港事件之前，警卫人员在各处山坡上用沙砾做了一些白色的十字。那时这种白色的十字有些神秘的意味。人们只听说过红十字会，而没听说这白十字。据说这是让日本飞行人员知道这是缅甸而非中国，因为当时英国还没和日本开战。珍珠港事件之后，所有的白色十字也很快消失了。

畹町有个大的市场和许多小商店，是为司机们建造的，他们在这里买货物然后在昆明以高价卖出。这里对许多司机来说是公路的终点，我们计划建造一个可以停放500辆卡车的大车库，但还没完成日本人就进攻了。

到Kiukok的公路不很困难。在英国的那边，3米多宽的柏油路已经铺设好了，但在交通繁忙时还是显得太窄。雨季，许多车辆都陷进公路柏油两边的泥泞里。

我们向西南方向前进通过了新维，这是英缅统治的一个北方掸邦，盛产大米而且柑橘也很有名。景观也开始有点英国的风格，房屋都是那种英国式样的平房带有皱纹金属的红色屋顶。

这里的宣慰使是一个中国征服者的后裔，他愿把500年前明朝皇帝授予他祖先的金属印章拿来向所有的客人炫耀。他是一个怪人。虽然拥有这块土地的统治权，却仍然受到英缅政府北方掸邦监督官的监督。

最后我们终于到达了腊戍，滇缅公路的终点，这里距离畹町180公里。过去腊戍是个沉睡的土著村庄，现在已经发出繁荣的喧闹声。它分为两个区域。一个是给人以深刻印象的新城，这里有政府建筑物、电灯、自来水、旅店、饭馆、办公室、大的市集和英式商店。住宅区的环境是令人非常愉快的，房子坐落在宽敞平坦的绿草地上，周围是开着红花的大树。而老腊戍城仍是一座没有任何改善的落后乡村，那里掸人、印度人和缅人杂居，由新维的宣慰使统治。

那时，中国人的办公室和一个大的转运中心就设在老城，负责管理从仰光运输到这里的铁路终点站的货物，再组织卡车运往昆明。一开始，中国人在缅甸的生活很麻烦。从前没有要求他们必须有护照，但在公路开通以后，规定他们到任何地方都必须出示护照，执行时却非常不确定：有时一个讨厌的家伙执意要检查护照；有时他们根本不看；完全不知道什么时候会发生什么事。1942年，当中国士兵进入缅甸与英国人合作后，这样的事就再也没有了。

现在我们沿着主干线从腊戌到仰光。沿途都有很好的公路和窄轨铁路连接着这两座城市，但在铁路上旅行肯定是不舒服的，每天只有一班车，车厢里时常挤得满满的，没有蚊帐，就连头等车厢的包厢和包厢之间也无法联系，而且没有走廊，列车上没有餐车，旅行者必须在车站买票进餐。然后站长打电话给下一个站的餐厅要他们准备菜饭，当火车一停，乘客就蜂拥冲向这个餐厅就餐。

从中缅边界到仰光所有的老板，不是印度人就是中国人，没有缅甸本地人。农夫、苦力、工厂工人、卡车司机、铁路工、站长、厨子及侍者几乎都是印度人。缅甸人恨他们，但也知道他们比自己干得好。

从火车窗口向外观看，可以看到缅甸的金色尖顶宝塔，它们完全是一个式样，只是大小不一。也可看见裹着黄色袈裟的缅甸和尚。他们的日子相当快活，用不着做饭，只要拿着一个大碗在附近走走，人们就会把最好的食物给他们，为此也用不着表示感谢。人们只是为佛尽自己的义务。他们相信这样的贡献可使自己防范疾病并带来好运。

我们终于到了仰光。这里极端炎热，就像是个袖珍的印度。城里的树叶看起来很锋利，树上有许多小乌鸦发出冗长的叫声："格啦格啦"，就像是穿着木屐走路所发出的声音。热带的气味无法用语言来表达。这是一个美丽、色彩丰富而且十分干净的城市：可爱的大树和宽阔的英国风格的绿草坪随处可见。缅甸本地的风俗、语言和宗教都保留了下来。仰光的大学和许多中学是英国人为本地人提供接受高等教育机会的证据。

这里该是滇缅公路真正的终点站。在那些重要的日子里，中国已经没有其他海港了，全世界各国支援中国的物资只好集中到这里来，再运往中国以维持我们民族在战争中的需要，这里为此也一下子拥挤喧嚷和繁荣起来。

不久以后，日本人侵占了这里，通往中国的供应线中断了。待它从日本人手里收复过来后，它那熟悉的喧嚷活力才重新开始。

柏油路面和现代化

滇缅公路的修筑是中国建设现代公路的一次伟大实践。当"弹石路面"按时草草完成以后，大小车辆车水马龙，流水般地飞奔而过。我们则要忙着修整路面，而且必须在不妨碍交通运输的情况下完成。所谓"弹石路面"就是用大石头做路基，然后在路面上铺设一层混含着泥土的公分石。这样的公路在运输流量、车辆载重量不大的情况下尚可应付。中国一般城市的市内交通都是用这样的道路，那里每天的运输量不超过40辆卡车，而现在滇缅公路的负荷就大得多了。

修筑滇缅公路之前，我们曾制定了铺设柏油路面的计划，确有先见之明。但政府当时根本不可能批准这个计划，因为这条路那时仅仅被看作是条重要的辅助公路，没有人估计到法国不久将沦陷，法属印度支那铁路将被切断，而滇缅公路马上变成全中国唯一一条和外部世界联系的锁链。这就意味着它未来的运输量比原来设计的要扩大不知多少倍，对于原来修筑此路者，当然承受不住这样的压力。另一方面，修整公路的弯道和地基时，为抢时间而不注重质量，对此我很不满意。随着时间的推移，我们必须尽快改进公路，否则发生不测事件将无法保证公路的畅通。

无法预测有什么样的车辆将在我们的公路上行驶，也难预料这些车辆会发生什么样的事故。政府机关的卡车有数千辆，私人运输公司也有各种各样型号的货车。如此五花八门的车身和底盘的卡车出现，是任何别的地方都看不到的。

平均每天约有300～400辆车经过，而且所有的都超载，这些货物有：军火、重型机器、汽油以及各种日用商品，车主不顾死活地拼命多装，一味追求更高的指标和利润。

这样就有许多不可预知的因素会损害公路。一些外国公司也使用他们自己的汽车在滇缅公路上输送货物。其中某些印度公司就使用一种叫"Gara"的卡车，这种车安装着雪佛兰车的底盘和印度改装的车身，这样可以超载，且车的后轮每一边都是双轮。

此路在缅甸一方的许多桥梁只能承受6吨的压力。腊戍的英国当局本来就不希望这些桥梁过度超负荷使用，更谈不上加固桥梁以提高承受力了。他们只允许车身每边只有一个轮子的车辆通过缅甸。那些重型卡车司机在通过缅甸前就必须把多余的车轮卸掉。我们从司机那里了解到：虽然缺少两个车轮，车辆仍然可以超载3吨，而且照样能通过那些只能承受6吨压力的桥梁。进入中国后，有些司机也懒得再安装卸下来的后轮了。

我们去向英国当局解释，应该允许车身每边都有两个后轮的卡车通过桥梁才更符合逻辑，它正是为了分散压力才这样设计的。再说他们早就知道车辆超载是普遍问题。这样也可以减轻我们公路的压力。最后，腊戍地方当局看到这一实际情况，这种规定就放松了很多。

在野外工作时，我总是带着一把可以折叠的轻型金属椅子。一有时间就在路边坐着这把椅子观察运输情况。

我注意到那些超载的车辆在上坡时，引擎发出一种好像是抱怨的轰鸣声："我不能拉得太多了！我不能拉得太多了！"更有趣的是，"雪佛兰"汽车发出的声音像是一个女人，而"道奇"车的声音却像男人。不同的车型所发出的不同声音，我们在很远就能识别。我推想，这是因为齿轮压缩或汽化器的类型不同。每边只有一个后轮的货车在我们的路上留下了深深的车辙，尤其在雨天。而在缅甸一方的柏油路上却不会这样。

我概略地计算过，每辆货车从畹町到昆明大约要从公路上吸收4立方米的灰尘。当车辆卸货后，这些灰尘很快就会被风吹跑了。

雨季之后，路面的灰尘和一部分土壤都被冲洗掉了，这样路面又要重新铺设。当路面重新铺好后，卡车一来又变成了老样子，又得再干一次。这种路面对司机对车辆非常不利，在雨中行驶，飞溅的泥水总是泼到挡风玻璃上，令人烦恼的乌云使得司机们从来没有一个良好的视线。意外事故时常发生，因为他们在错车时视线极差，还要留神那可怕的弯道。

非常遗憾，因为我们不能及时改善路面，找不到更好的维护路面的方法。一些外国专家也试图帮助我们减少事故，建议在白天行驶的同时加开夜班车，以分散公路的压力。但我们没有试过，因为卡车大灯的照射不可能穿透雨季的浓雾。

保持车况良好至关重大，但车辆很难得到正常保养。汽车的有些零件无法预先更换，司机备用的零件总是易损件。一般来说，一辆车在滇缅路上使用的时间仅仅是同类车型的平均寿命的1/5。车辆出故障是件要命的事，因为中国需要每辆货车永不停息地在路上拼命奔跑。

由于严重缺乏能胜任的工作技术人员，公路上反复发生的不幸事故我已无法容忍。公路的质量必须提高到能够承受这样高密度的交通运输，但我们完全没有机会把路养护得符合质量标准。我到过许多国家，从来没有看见过类似"弹石路面"经得起每天超过200辆货车来往的车流量。

甚至重庆的现代公路专家也束手无策。我收到很多富有合作精神的建议，其中一些方法很有趣，比如：建议我们制作水泥、混合石灰和烧过带有黏性的红土混合而成的材料，据说这样可以减少柏油的用量。总共有十余种不同方法的建议，主意都很好，但时间不允许我们···进行实验。我的想法是在路面上既铺设水泥，也铺设柏油。过去一般最少也要花十天才能干燥，目前的情况，我们不可能做到。

常备的公路养护队总数有 3000 多人，还不包括那些在紧急情况下雇佣的临时工。最能干的人，每天都能得到很好的报酬。

从昆明出来 11 公里处，每天有不少于 200 部车要经过。交通的混乱程度简直让人难以置信。在那里，常常有这样的事情发生：赶牛车或马车的车夫居然不让汽车通过，因为汽车的金属部分可能会撞到牲口的脚使它们受到伤害。这样的事，使我们非常苦恼。

在中国，对现代高速公路还没有精确的名字。通常叫作"马路"。在美国，我现在仍然听到许多同胞称呼纽约的第五大街为"第五马路"。有天我和负责这一路段的工程师说："这条公路的确不能叫作现代公路，叫它马路要确切得多，而现在有时牛马都不愿在这条路上跑了，那我们应该称它什么路？"这位工程师非常尽职尽责，但对目前的混乱，他和我一样无能为力。

我们决定马上采取行动——修整碎石路面后考虑铺设柏油路面，而且必须在不影响正常运输的情况下进行。上报交通部批准必须经过以下程序：（一）递交评估报告；（二）讨论；（三）修改评估报告和再讨论；（四）评价修改后送来的评估报告；（五）然后再次送到上面；等等。整个过程要六个月。

如果交通部批准了报告，我们会有足够的资金，就可以建立一个将各种想法进行检验的实验室，这也是交通部所要求的。

昆明郊区的公路已经铺设了沥青

在试验路段修整时，司机们驾车过来的微笑和轻松表情，完全代替了过去的紧张。每次空袭，事故也不再发生。我们为这一路段拍了照片，并进行了统计分析。掌握了这些确切的证据后，我马上到重庆去向中央政府提交全路段重新铺设柏油路面的计划书。

在介绍情况时，我指出没有任何其他的现代公路像我们的公路这样重要和频繁地使用。此外，在中国，一般的货车都没有为了超载而进行过专门的改装。中国的车辆进口商习惯于根据卡车的载运能力进行交易，根据每吨货物来计算价值的比率。一些国外经销商知道这个特点后，仅以非常简单的改装就提高了车辆的载重量，比如改装一下冷却器，再加上更多的弹簧，就把原载重 0.5 吨的车按照载重 3.5 吨的车销售。然后车主们又在装车时加到 4 吨，司机再外加 0.5 吨的私货在上面。这样，对公路的压力实在是太大了。从重庆到仰光的路上，到处都可以听到这样的术语："3吨雪佛兰车""3吨福特车""3.5吨道奇车"，或者"4.5吨大国际牌车"。我建议那些车主们花两毛钱买一本介绍美国各种汽车生产厂家不同类型车辆性能的小册子，提请他们注意这些卡车设计的载重量。但只有很少的人注意我的劝告。

现在，我们只能二者必居其一。要么要求卡车生产厂家按照我们的要求专门设计，要么我们必须建造标准的公路来满足超载卡车的要求。

第一点是不可能的。厂家只能根据世界上一般条件制定设计标准，然后进行批量生产，我们的订货尚不足以使其改动原设计。第二种选择乍看起来，好像也是不可能的，因为它会耗尽我们所有的预算，我知道，国库这时已经基本上枯竭了。

但是从更加实际的财务观念再来审查这个方案时，就会发现建造标准公路是必需的：实际上是为国家大大节省开支；如果不再铺设柏油路面，虽然可以节省大量的用来修路的中国货币，但要国家花大量外汇来购买更多的车辆、轮胎、备用零件以及汽油，因公路未达到质量标准，它们的消耗较大，而外汇是非常宝贵的。

政府通过全盘研究，然后给了我这样的训示："正如你所知道的，中国财政非常困难，大部分的海岸已经丢掉了。国家收入正在减少，费用却在增加。但该花钱的地方我们必须花钱，一定要花，决不吝啬。同意你们的铺设柏油的报告，但决不能浪费。"

不久，长达965公里的滇缅公路全线铺设柏油的大笔预算被核准。我匆忙回到下关，召集工程技术人员开会，我说："我们总是抱怨，只要有钱我们可以建造一条最好的路。好了，我们有钱了，现在就看我们的了。必须更加卖力地干！我们没有更多的时间，马上行动。但是工作必须扎扎实实地搞，决不能敷衍了事。残破公路的现状已经困扰了我们很长的一段时间。现在终于有机会彻底改造它了。"全体人员情绪高涨，同我的意见完全一致，然后我们很快就进行准备。

在西方国家，铺设这样高级的路面是平常事，但在中国则被认为是一个新时代的开始。大家纷纷提出自己的建议。好像一个穷人要去买一套最好的衣服，反复挑拣，希望选中最便宜的，使向他一直献殷勤的裁缝也失去了耐性。电报和信件雪片似的飞来，说："滇缅公路不适合铺设柏油路面，那里的条件太差""致命的意外事故将会递增""碎石路面最好维护并且能够承受大流量的运输压力""如果没有机械，无论什么季节加班干也必须六个月的时间才能完成"等等。

我并不感到惊奇，因为任何新生事物都会引起批评甚至反对，直到证明它是正确的为止。1928年在上海，当我引进第一台柴油引擎渡船的时候，就收到过一大堆抗议书，因为有人害怕柴油机可能会爆炸或途中意外熄火。一些人公然宣称："如果有人在意外事故中丧生，我们就要这个人负责！"好像他们比发明柴油发动机的 Rudolf 柴油机公司更懂引擎。

那时，上海的水运交通全靠一些木制的人力渡船，时常超载，经常发生重大的人命案。渡船由少部分从中渔利的人垄断。城市公共交通部门动用一些装备了柴油发动机的现代渡船，准备在一些条件好的码头投入运营，收费和原来一样。这时，认为我妨碍了他们的生计的老板借故把我告上法庭。

当这案子开始判决时，有好几百个显然是被雇用的老妇人，拿着燃烧的焚香出现在法院门口。她们要为今后肯定会在新型渡船中死去的亲人祷告，祈求我放弃原来的主意。当她们激烈的情绪达到高潮时，似乎要把我烧死。那天我没有去，由一个下属代表我到场，为此，她们非常失望地走了。这个诉讼案被法院否决了。它是一个成功煽动公众情绪的范例，表明公众态度可以被操纵者挑逗着狂热起来。

我要学习在反对和抨击的声浪中保持冷静和忍耐，我们并不希望所有的人都对新的铺设计划表示赞颂。唯一的目的是要使运输量再增加三到四倍，并决心不惜一切代价达到这个目的。

所有的工程技术人员、职员以及一些工人代表都被召集到总部的办公室。每个人都必须提出一个如何最有效地完成这个项目的建议，不管他的等级是什么。我知道，一个在工地工作的工人提出的建议，可能比一个办公室的工程师提出的更加实际。在做出决定前，所有的建议都被仔细地研究和分析。因为一旦决定做出后，它就被看成是法律。

使用冷加工过程铺设柏油的建议被采用了。我们计划，用土石重新修整路面的工作完成后，在表面铺设一层5米宽、10公分厚的12.5公分的弧形石子。再铺一层土，洒上水，上面再覆盖一层石头碎片。最后用轻型压路机压使路面平整，然后在第二个星期后再第二次铺设。我们估计，从缅甸边界到昆明，铺设路面将需要30万立方米的4公分石、7.5万立方米的碎石或粗沙，另外需要2.3万立方米的2.5公分石及3.8万立方米的15公分石，在各处重新修筑路面。

没有更多考虑公分石制作方面的困难，因为我们和地方官员在筑路时已经有了经验。现在主要的困难是我们最好的石灰石和采石场距离工作面太远了，制成的公分石要由妇女和孩子用竹筐运输。所需的12000吨柏油，要求在最短的时间内从纽约订货。

另要采购的是压路机。一些订货可以从"租借法案"中获得，但不能等待了，工作必须马上开始。我们开始清查在国统区内的所有可用于铺路的设备，但远远不够。后来我偶然想起几年前有许多单位向全球贸易公司订货，后者是一个专门用桐油和钨锰铁矿交换从纽约购货的中国公司。工作人员清点他们的订单，发现了一些我们需要的零部件，但都零散地存放在他们在腊戍、龙陵、保山、昆明和重庆的仓库的木板箱里。

我们的工程师如同饥饿的狮子扑向各地的木板箱。

这些零部件被匆忙地运到畹町，在那里刚开始施工，已有一个建成的现代装配车间，各种机械被一件一件地组装起来了，像是做拼图游戏。装配完成后，我们拥有的全部设备是：26台压路机、18台石头粉碎机、8台空气钻孔机、5台马达皮带分类机、4台推土机、2台开凿机、20台拖拉机、一些羊脚滚轴压路机及一些翻斗卡车。

相对我们的浩大工程，这是沧海一粟，但总比没有好。设备结构简单，容易操作，但培训工人掌握这些机器仍需要数个月的时间。我们很幸运地有些经验丰富的机工，几个老工程师过去在上海和我一起搞过海运柴油发动机。就是这些人，在以后的工作中证明他们可以解决任何机械上的难题，即使这些设备每天运行24小时。

我们还有一些学机械的学生，他们可以当司机，驾驶压路机或者卡车。不论怎么忙，他们都要抽出一两个小时学习目前正在使用的设备的原理和功能。在日常生活中，我待他们如同自己的子侄，这样有助于他们提高工效。

现在面临的最大烦心事，就是如何尽快得到8000名强壮的劳工？傣族地区最多可以提供500名，龙陵也许可以提供1000名。其余的必须来自保山，但保山正在修筑一个飞机场和准备兴建一条铁路，同样需要大量劳力。

我马上到保山，我已经把这里看成是我的第二故乡。我和一个精力充沛的地方官员商量。过后，他马上把本地区所有的头面人物都请到他的办公室开会讨论，我向他们说明情况，没想到他们以极大的热情同意增加招募劳工的数量，并且马上着手准备。

这次协商成功并不是因为我演说的高明，而是公路指挥部和当地民众已经建立了良好的关系。过去都是由他们组织劳力的，这次情况特殊，从来没有这么紧急地需要劳力。

1941年10月初，我们开始了铺设柏油的行动。有三项同样重要的指标：安全、连续性及质量。改善路面的工作开始之前，路基必须加宽，整个坡度必须再减少8%（其中一些要减少23%)，急弯的最小半径不得小于14米，排水系统要改良，还要加强基础建设。所有的木桥都改为石桥，这不仅因为石桥更坚固，也因为木桥的弹性常使司机的头撞到驾驶室顶部而受伤。公路两边的丛林要铲掉，这样可以有良好的视线。

劳工们被分成两队：普通队和铺路队。普通队在前面，改进公路的外形、填补洞、架设石桥、建造机械设备的修理厂和工人窝棚，同时要准备公分石、碎石片及沙子。这样，当铺设队过来，即可立刻投入工作。

我们同时在五个不同的地段展开工作。每个人都在工作而没有窝工现象，每个熟练工除了自己的工作外还填补一些空缺，根本没有时间理发或刮胡子，更不必说沐浴了。

每早八点钟，当晨雾消失后就马上开始干活。大家几乎没有更多的时间吃午餐和晚餐，就这样一直干到天黑，晚上在煤油灯下再继续工作。

我们特别注意工人的福利，预先支付一部分工钱，并有夜间加班费，保证重体力劳动者每天能吃到足够的米饭和肉。

云南农民的衣服很单薄，根本不适应在各种气候条件下干活。我就为他们定做了一种宽大到盖膝的背心。他们要挥舞锄头和锤子，衣袖碍事。但它用本省的标准蓝色布料制作，里面衬有棉花可以御寒，晚上他们可以用做被子。

工作背心是大量生产的，它们都是一个尺寸，相当宽大。工人们的身高和肥瘦不一，有些人穿的背心拖到了脚脖子，一活动，背心就在他们身上转来转去，看起来很古怪。这样的现象很快得到了纠正：在襟前增加了一些紧身带子，同时再制作各种不同尺寸的背心。

我们保证提供工人们每星期一定数量的猪肉，无论遇到什么困难都要保证。但有时也难兑现，这就影响了一时的士气。

在傣族地区，没有一个供给物品的集市中心，只能从农夫家或村寨里获得猪肉。我们必须马不停蹄地四处搜寻，又没有多余的人专门从事这项耗时的工作，只好请一些类似保姆的人为我们做这样的事。她们是些快活的女孩子而且愿意去做任何事，但是我怀疑她们是否知道工作中购买猪肉的意义。

傣人很不愿意卖他们的猪。有时费了很大的劲说服他们，他们却拒绝按重量购买，而须按照他们的方法估价，每头猪的交易都要经过没完没了的讨价还价。这些女孩子使用本地方言，还有来自宣慰使的贵族女孩，她们非常卖力地完成了这项任务。

尽管她们努力，猪肉仍然不能满足所有工人、熟练机工和工程师的需要。当然，后者是我们自己的人而不是客人，但是没有肉，他们照样得不到必需的营养。

现在又有许多小的麻烦降临了。我们的压路机太轻，只有65公斤的重量，而我们至少需要100公斤以上的重量才行。结果，压路的次数大大超过了一般规定。每台压路机旁边要有一个人，观察路面上的石头是否压妥了。如果石头还没有压到地里面，就要重压，只有当压路机过后没有石头在路面上滚动时，工作才算完成。

保证进度的基本设备——柏油喷洒机一直没有到货。而现在已经无关紧要了，它促使我们用些土法进行发明创造：在锡制的煤油桶下面打几个小洞，装进柏油，然后人工喷洒柏油。

石头粉碎机又小又少，每台每小时只能生产2.5立方米的公分石。由于没有筛子，也没有开凿机或者皮带运输机，这就需要60多人不停地把石头倒进机器里。这种方法最多只能被称为半机械化。机器的叉钳经常损坏，我们非常头痛，因为没有多余的零件。

仅有的一些进口的空气钻孔机太大，要特别高大和强壮的人才能操作，一般中国工人，要两个人掌握钻机，它的手柄又太小，一个人操作时，还要有另外一个人站在后面，双手压在他的双肩上以增加额外的重量才行。

到美国后，我曾看过一种钻头可前后位移的钻孔机，可自动冲击而不用操作者太大的力量。这种钻孔机更适合未来中国公路的修建，同时也适宜水坝和隧道的施工。

那时付出的最大努力，是寻找高质量的石灰石岩层，然后建立采石场制作公分石。建筑一条柏油路，需要大量的石头，特别是用来铺设路面的公分石。我们找遍了傣族地区的群山，在芒市50公里范围内没有发现令人满意的石灰石岩层。每辆派出去拉石头的车都是无功而返，它们带着从100公里远的腊勐买了准备用来装石头的竹筐。为了解决司机的膳宿，除了计算在芒市地区需要开销的费用，还要额外付给他们适当的费用。但我们马上发现这些司机只要一离开停车场，就把竹筐丢掉。因为他们找到了比用这些竹筐拉石头更有利可图的生意：用他们的水箱装着剩余的汽油去卖。和这个收入比较，政府付给他们的"短途旅费"是不足挂齿的。

一些印度和缅甸司机也变得狡猾起来，开始他们坚持必须拖曳另外两部作为拖斗使用而引擎损坏的卡车，这样可以多拉一些石头。起先这愚弄了我们的工作人员。不久这种诡计又被其他的司机如法炮制，后来我们发现许多卡车回来时都拉着其他两部坏车。我们及时发现了其中的奥秘，这些车的油箱正好可以装载倒卖的汽油。我们没有权利，法律也不允许他们做这样的事。

石头缺乏的问题越来越严重，也没有什么办法。绝望中，一些本来可以做其他工作的工人也被派出去，步行搜寻可以采伐石头的采石场。为了鼓励他们，还宣布谁发现了最好的、最大的采石场可以得到奖赏。几天之后，有个人来到办公室要求得到这笔赏金。因为他已发现一个最好的黑色石灰石地区，石头坚硬易碎，在靠近芒市的一个小村庄，距离公路不到6.5公里。

可以说，如果他发现的是个金矿，我们都没这样激动。我付给这位工人赏金，我们在三天之内就修建了一条通往这个采石场的毛路，随即将四台石头粉碎机和两台空气钻孔机，以及一千多名精选的劳力送到那里。两天之内他们的草屋也搭建起来了。

这个采石场前有条小溪，流向邻近的傣族村寨，从老一辈人迷信的观点看，这可不是一般的小事：凡是有流水、有浓雾或云的地方就是龙的家。依照他们的信仰，龙是强大而威严的，它有极大的力量影响邻近的每个人的命运，特别是农民。我推想这种迷信产生于河水、洪水或与突然的暴风雨有关的大灾难。结果，人们对龙产生了极大的尊敬和恐惧。

当傣族人听到采石场的嘈杂声，特别是风动钻孔机的机枪般的嘎嘎声时，感到恐慌。他们的龙在这里平静舒适地睡了数千年，现在似乎要被外来的可憎的噪音惊醒和激怒。如果龙生气走了，那这个小溪将不再流水，若没有供应稻田的水，好运也将随龙而去。

这对我们是严肃的，何况我们还雇佣了许多傣族工人，一定不能扰乱这里的平静。我要求我们的工段长，一位外交能手王先生，去和当地宣慰使方先生协商。方先生聪明善交际，受过良好教育。王先生向他解释我们必须不惜任何代价从这个采石场采集石头。为了平息当地人的不满，我们非常愿意做些有益的事情，以此为补偿。见多识广的王先生告诉宣慰使，如果这条小溪发生任何不测，他将负全部责任，保证这个村寨仍然能够得到很好的供水。

至于村寨需要我们做什么样的公益事业，留给方先生去考虑。不过方先生还是认为他的子民的想法比我们的更好，终于同意我们开采石头，但要求我们在小溪附近蛮荒的岩石地进行一系列的祭祀仪式。于是，我们在那里搭建了一个正式的神坛，点上香和红蜡烛，在神坛上供奉一些为安抚神龙的牺牲品：鸡、鱼和烤猪等等。这些为了讨好神龙的精美食物就放在面前，碰都不能碰它一下，使我们的工程技术人员馋得直流口水。

每位工程技术人员代表还要表示出他们对神龙的虔诚，但凡受过良好教育、接受过系统科学训练的人，一般对这类活动是不以为然的，现在却要他们绷着脸一本正经地对小溪里的"龙"祈求："尊贵的龙大人，如果我们在什么地方打扰您了，请求您的宽恕。希望您知道我们有最紧急的工作要做，到这里来仅仅只要做些最紧急的事情，停留只是暂时的。如果您可以暂时忍受一下嘈杂，那就可以永远在这里享受您的安静生活，而我们马上就走。"

傣族人完全相信，神龙忍受不了嘈杂会到其他地方去，我们解释，刚才的仪式可以使小溪永远存在，而现在的水流仍像往常一样在那里流动。但这无济于事。他们坚持说龙已经迁居了，溪流将会枯竭。直到我们从小溪的上游水源处打来水给他们看时，他们才算罢休。在那之后，我们特别注意观察流水，努力设法不让它脏，这样，任何意外都没有发生。

采石场岩石的品质很脆，因此每次爆破都碎石满天飞，我们得跑到两公里或更远的地方去躲避。我要求一天最少要有500次爆破才能保证供应。每天都到那里去数爆破的次数，他们就这样干。

一次，我的脑袋差点被飞石砸开花。一般工人们都是上午安装炸药，这样可以在中午吃饭的时间进行很多次爆破。有一天午餐时，我正在与一个工头谈话，一个炮眼熄灭了。因为我们离采石场有段距离没有注意。过了一会儿，突然这个炮眼又爆炸了，碎石嗖嗖地从我右耳飞过，狠狠砸在工头的身上，弄断了他的右臂。

这事给予我深刻的教训，保证工人的安全应该是第一位的。

岩石压碎机很不好用，我们只得找些小一点的石头将就压碎，并把石头放在高一点的地方使得石头可以从上面滚下来，再通过一个长长的自制的只有 2.5 公分的进口进入压碎机里。碎石再掉到一个倾斜的筛子上，大一点的石头就不能滚到压碎机里了。

石头压碎机由柴油机通过 V 型皮带输送动力。我敢肯定，生产商绝没想到傣族人就在神龙的家旁边使用他们的机器。

一大堆大石料堆放在木制的操作平台上，有个工人用铲子把石料送进石头压碎机。其他人都在搬运石料。傣族女孩每只手只能拿一块小的石头，并为她们的体弱笑着道歉。强壮的男人背着笨重的箩筐，爬上楼梯到达操作平台边，卸下石头，然后再从原路返回。男人们背着沉重的石头，他们的头总是低着，这样就不能看着前面的路。而在这条路上又来来往往许多人，难免相互碰撞。这常使他们大动肝火，停下来争吵相互指责，浪费了很多时间。我注意到这个问题后，规定了另外一条返回的路线，这样就可避免相撞。

我试着去和工人们说明，但他们不听，认为我的想法不合理，以为这样要使他们多走一倍的路。不过，我最终说服了他们按照我的路线试一试。他们试着走了几趟以后，为发现它很简单而不再发生碰撞的事感到满意。

这个经验再次告诉我，如果想让落后的民族学习现代的、科学的方法，需要时间和耐性，最重要的是，要有详细和清楚的解释。想要强迫他们是没有用的：他们将很不愿意去做它，并会努力证明他们是对的，而错者是你。以心换心，是中国最古老的管理训条，任何成功都基于这样一条哲学原理："如果一个人甘心情愿地为你工作，那么他会为你竭尽全力且永远忠于你。"

给石头压碎机送料的方法是有讲究的：送料要慢慢地送，而且要站得很近，一次只能送一块石头。因此工人们形象地称其为"喂料"，就像对待有生命的猪或牛。出于对机器本能的防卫心理，有些人就站在远处把石料扔进去，这样很容易损坏已经没有备用件的进料口。经过多次纠正，我们才教会他们正确地"喂料"。

我们教他们学着辨别机器发出的不同噪音。引擎就像是个没有得到适当治疗而生病的人。如果机器的声音很平稳，说明引擎并没有抱怨什么。但是，如果把石头从很远的地方扔进去，它就会喘气、窒息和发出噼啪声，然后就会损坏。

有了石灰石，铺设工作就加快了。我们不停地向前移动着，每天完成一公里。1942年1月31日的夜里11时30分，我们准时通过了龙陵。

由于我们的好运，机器一直没有损坏，没有遇到雨天。这是整个滇缅公路修筑史上处理最合乎科学、最有效率以及最紧张的一段操作。不仅是铺设柏油路面，改善每一处路基也是如此。

这些优秀的成就要归功于助理总工程师 Cheng Fu-hwa（陈孚华，译音）先生、李温平博士和这一工段的工段长 Wang Yu-hwa（王俞华，译音）先生，以及许多其他的助手，特别是那些没日没夜拼命工作的机械工程师们。

在这些日子里，王俞华先生经历了一个艰难的时期。很不幸，他有口吃，越激动口吃就越厉害。傣族女孩子们经常嘲笑耍弄他；劳工和技术人员也故意装傻使他激动，然后就听他说话来取乐。虽然如此，他仍然把工作安排得有条有理，并且令人信服地始终保持着他的领导地位。

最困难的部分我们终于完成了，我们相互祝贺。回顾起来，我认为还没有发挥最高效率。因为缺乏能干的工人和管理者，最佳操作方式没有在许多地点同时展开，仅仅是在一个大组中进行。现在我们计划扩大战果，在各个路段全面推进最佳操作。

当然，我们的努力已经得到预期的回报。铺设柏油的路面宽 5 米，小车可用高速挡爬陡坡；许多曲线急弯也改成了直道，司机常以 100 公里的时速飞奔。粗糙的路面被改造后很少有卡车在路上抛锚了。因为道路质量的综合指标有所提高，货物的输送量提高了三倍。

如果公路全线都能整修并铺上柏油，估计重车从腊戌到昆明只要 4 天或 5 天的时间，空车只需 3 天。但在这之前要 12 到 15 天才能完成同样的距离。

我有信心认为，柏油铺设后，我们可以开创夜间交通运输。事实上，有许多理由说明夜间行驶比昼间更安全。晚上开车司机更警觉，注意力更加集中在路面上，除了汽车大灯照到的地方外其他都看不见，因此他可以宽心地在许多白天让他心惊肉跳的高度上平稳地行驶。柏油路面形成了一条长长的黑带，在大地上非常显眼。我们开动着所有机械设备向东前进并且准备好继续作业。我们订购了许多很好的新设备、机器、弯道反射镜等等，到货后马上开工。考虑到有 5个月的雨季不能施工，只能做些修理准备。

但是，就在这个时候，美国夏威夷的珍珠港遭到日本海军的攻击，太平洋战争爆发。我们的柏油、柴油和汽油供应全部被切断，工作不得不停下来。

我们根据"租借法案"所订的全部最好的设备再也没有到货。后来我了解到，这些订货最后到达印度就一直存放在那里。如果有这些设备，铺设柏油和今后的维护工作将会很容易。而现在要完成其他路段的整修和铺设可能是三四年以后的事了。继续向前伸展，困难越来越多。

虽然我们尽可能提供早期的预防和最好的治疗，在 8000 名工人中还是有 400 多名付出了他们的生命，许多人是死于疟疾和痢疾，而有些工人是被野蛮司机杀害的。他们只顾自己拼命开车而根本不管路边工作的人，无视路标，横冲直撞。我们在一段路面刚刚完成柏油铺设工作后，就用空油桶将路的两端封锁起来，但当我们睡熟时，他们开车冲开油桶，压坏了还没有干的新路面。我们马上把他们抓起来，告诉他们："我们在这里非常辛苦地工作，就是为了使你们更加舒适地开车。为什么已经做了标记你还要冲过来损坏路面？到底安的什么心？"司机们只是耸耸肩说："我们认为柏油像水一样很快就干了。怎么知道柏油在没干之前有黏性？"

也许他们真的没有注意到这些做标记的空油桶，如何让他们尊重这些标记呢？我们将一个装满水的油桶，挂上醒目的红灯笼，放在每一个刚完成的路段的前端。如果司机们还要鲁莽地乱冲，肯定是自找麻烦。尽管这样，一天晚上还是有一个冒失鬼开车撞了上来，撞坏了前车护杆。

滇缅公路的修筑同时也为交通部现代公路局提供了一种范式。我们在重庆搞了一个展览，介绍设备的使用方法，以及那些实用的小发明和土办法，吸引了许多参观者。

滇缅公路为中国的未来提供了一个重要的模式。它的修建使中国人看到了一条真正的现代公路和他们已经习惯了的普通公路之间的差异。明天的中国将需要许多现代公路。铁路在中国很不发达。最普通的货运是内河航运。但是许多河流变得越来越浅，有些已经不能通航了。此外，航运太慢，仅仅适合运输农用产品，而市场上急需的工业品用航运就不能满足时间要求。

在中国，大部分的货物购买都是使用贷款。因此在货物离开销售者后就成了银行的抵押。利息很高，每月1%。能否快速运输直接影响交易成本。

在我们国家里，许多地区都需要公路。我无法预测公路是否能够偿还银行的贷款。但我的看法是，如果汽车和石油工业能够帮助公路系统偿还资金的话，那么在公路上的投资比产品广告更有利于销售，回收会快得多。

车主对广告不感兴趣，认为那是吹牛。车主都是非常精明的生意人，评论卖主的一句格言就很形象地说明了他们的观点："老王卖瓜，自卖自夸。"他们对一个产品的所有要求就是——便宜，耐用，并且不再为零配件付更多的钱。他们的这些特性，是我通过十多年的反复观察得来的。早在1927年，我在上海就担任陆海运输负责人。

从我有了修筑公路的经验以来，我相信中国未来的现代公路将采用机械化手段。西方人似乎认为，我们国家巨大，人力资源廉价。但看看这个理论的实践就会发现它是错误的。训练成千上万名工人比训练数百名驾驶各种机械的技工要艰难得多。同时大量工人在一起又会有很多问题：要提供食物、住房、医疗等等。而且，由于中国农业人口最多，农耕和工程之间有个明显鸿沟，所以我们的劳动者绝不是合格的专业人才。坦率地说，中国人天生就具有机械才能，但需要时间和耐性来训练他们。所以，采用机械化建设现代公路有个不快也不慢的自动速度运行，会是不需要多少监督下的最好结果。

明天的现代公路当然是要铺设柏油或是混凝土的，而后者更加具有吸引力，因为那时中国的许多水泥厂有条件供应大量水泥。

如果外国人希望维护他们有利可图的对华贸易的话，那么，他们应该检查一下他们的销售战略。第一，公路已经有了。在这之后，要给予购买他们产品的人更多的获取利润的机会。战时，卖主出售每一辆车，就像这是最后一辆，因此他们没有很好地考虑产品的质量，而产品的质量关系着下次交易的基础。

所有情况都可能发生变化。如果购买者没有钱买第一辆车，那他拿什么来买汽油和备用零件，然后再买下一辆车呢?

我们听说许多卡车归一个家庭，或归三四个合作者所有，以此合股投资，从中赚钱，变成营生手段。如果他们使用的公路是很好的，即使公路收费逐渐提高，他们也愿意，由此，买方将作为消费者继续存在，也将刺激产生更多的购买者。每个购买者都意味着又有一二辆汽车可卖，所有零星购买者加起来，就意味着巨大的汽车销售额。

如果上述原理可以被接受，我们就将看到一个中国运输新时代的黎明，以及农业、工业、国际贸易新时代的黎明。

侵犯和撤退

1942 年 5 月，滇缅公路最黑暗的时期来了。中国军队在缅甸开始撤退，日本军队仅仅遇到轻微的抵抗，他们如此神速的前进，使中国军队在能够控制住更加可怕的事件发生之前就到达了怒江西岸。

由于突然降临的巨大灾难，柏油铺设工作刚刚完成从畹町到龙陵路段就被迫全部停止。现在公路马上需要承担密集的军用品运输任务，大多数要运到保山。来不及运输的物资为了不落到日本人手里，运输当局接到命令要原地销毁。

和仰光方面的通讯联系完全被破坏了，铁路停止运行，从仰光到腊戍的公路，许多地段也被缅甸人破坏。仍然有些司机试图带着他们的货物闯过来，成功的机会很少。他们成为日本飞机的目标。一路都有被击中的卡车。

侵入的日本军驱赶着难民的洪流。由于日本人不断的进攻，大量中国华侨离开了他们在新加坡、马来西亚及缅甸的家园。为了到达安全的祖国本土，他们正在做最后的狂乱努力。

混乱是无法用语言表达的。虽然尽了最大的努力，军队和警察都完全无法应付如此来势迅猛、种族混杂和难以控制的难民潮。流亡者从未预料到会面临如此悲惨的命运，所以在他们离开祖国多少年来，没有注重保持母语发音的纯正，也忽视了教育子女学习国语。现在是为他们的疏忽付出沉重代价的时候了：他们说自己的家乡方言时，中国人听起来就完全是外国话。

另外，他们离开得太匆忙，仅仅带了适合热带地区穿着的衣服，到了山区，无法御寒。每当他们停下来休息时，日本飞机就喧嚣着从他们头顶上掠过。他们在路旁临时搭建的帐篷，成了轰炸机、来复枪以及各种疾病的牺牲品。死亡的威胁来自四面八方：除了天上的飞机、丛林中的狙击兵外，还有食物里的昆虫和饥渴。他们没有机会带更多的食物，不知哪里有卫生的水可以饮用，口渴时就喝河水，这样得病的危险大大增加。

缅甸人根本不帮助他们。长期以来，他们对在他们土地上富裕起来的华人非常嫉妒和不满。现在他们开始露骨地表达不喜欢华人的真实感情，并且攻击我们这些倒霉的同胞。英国人对缅甸长期的殖民统治使得本地人仇恨殖民者，平时虽然只有高级官员持有英国当局颁发的持枪特别许可证，但不禁止英国籍平民携带武器，所以撤退时，英国人杀害了许多造反的缅甸人。虽然一些缅甸人仅仅只有砍刀和剑，但用这些武器迁怒于手无寸铁的华侨难民也足够了。除此之外，还有一些人充当侵略者的间谍，领着日本人穿过丛林走少有人知的捷径，以及在小山上点火为日本人做信号等诸如此类的把戏。

骚扰和恐吓常常发生，难民们在路上乱作一团，像开锅的蚂蚁。更可怕的是，当他们过来时，霍乱开始流行了。

但是一个更直接的危险已经出现——日本军的前锋已经触及到了遥远的怒江西岸。他们发现，如果乘此混乱机会越过这个天然屏障，那么，大部队到达后就可以很容易地直逼昆明！

1942年5月3日，在敌军的紧逼下，作为交通枢纽的怒江惠通桥立刻变成一个极其混乱的瓶颈。在那里，步行的人群阻塞了汽车的道路，有些难民驾驶他们自己的汽车，而在此之前，许多人几乎没有摸过方向盘，这样就更加混乱了。

原来惠通桥的交通管理是非常严格的，只允许每辆卡车依次通过，因为桥的结构只能承载10吨的重量，而一辆载重车的重量，差不多就是5或6吨。形势已经无法控制。卡车像潮水般地一辆接着一辆，挡泥板擦着挡泥板地有六七辆车同时在桥上，桥承受的重量超过30吨。过度张力的铁索的起伏摆动，像是一条受到惊吓的蛇。工程师屏住呼吸极度紧张地观看着。谁都无法预料这桥会发生什么事情，建筑时安全系数是定额的。但是铁索居然没有断裂，数千吨的人和车逃到了东岸。

司机们从没经过这样的混乱和神经的紧张与刺激，许多人的精神彻底崩溃了。在这些难民群中不单有日本人的第五纵队，而且还有经过化装的日本士兵……
中国的江桥守备队只有果断行动才能阻止这个致命的
混乱，他们已经没有时间等待命令，决定权掌握在他
们自己的手里。只要有车出现故障，他们就把车推到
江里，这样拯救了无数人的生命。

日本军人开始对江西岸的中国人实施暴行了，有
些日本兵混在难民中过了江。乱作一团的难民根本无
法分辨敌我，这时日本人也没必要再继续假装难民了，
因为他们的大部队正以全速赶往这里。

如果日本人有足够的力量控制住桥的两端并且阻
止它被破坏，那就为它的主力部队打开了长驱直入的
大门。形势千钧一发。对中国人来说，除了炸桥，没
有其他任何办法可以阻止日本军前进的步伐。

重要的是，如果有几分钟的时间。在桥上装上炸
药，桥就会被炸毁。江桥守备队早为这样的危急时刻
做过准备。炸桥的炸药早已备好，只要军令下达，按
动引爆器开关就可以撤退。日本人的大部队正全力以
赴地从对岸赶来，准备快速过桥歼灭中国守备队，战
斗即将在桥的两端以及怒江两岸爆发。就在日本人将
要接管大桥的时刻，一声巨大的轰鸣，大桥在眼前消
失了。

平时大桥的一点损伤都会使工程技术人员感到极
为痛心，现在它的彻底毁灭反而成了每个人的最大愿
望。只有这样，日本人才过不了怒江。现在，日本人
所能做的，只是隔岸对难民进行肆意的猎杀。那些最

后一批过江的难民车队，正喘着粗气，完全暴露在对岸日本人的枪炮射程之内，艰难地在漫长的峡谷山道上爬行，只有翻过垭口才能进入安全地带。难民潮一览无遗地展现在日本人的视野中。鉴于对炮火的恐惧，他们纷纷逃离他们在公路上的汽车，步行奔向山间，或跑到荒野的丛林。他们大部分都带着孩子，顽强地进行家庭自救。在炎热、口渴、难以形容的疲倦和极端恐惧的情况下，在乱石和丛林中拼命奔向50公里外的保山城。这可是一件苦不堪言的差事。

大部分公路工程技术人员都及时撤走了。但却有命令要他们在腊勐一个公路指挥机构留下来坚守岗位，直到疏散的命令下达。然而，腊勐位于怒江西岸的松山，正好落入日本人的防线内，工作人员被一支日本巡逻队抓获。

这一路段的负责人柴（译音）先生，以及他的五位助手立刻被日本人赶到一个不太深、大约有7～8米的山谷顶端。日本人要他们站成一排。随后日本士兵一个接着一个，端着上了刺刀的步枪猛冲过来，将他们刺死。

当柴先生意识到他生命最后时刻到来时，没等刺刀穿过，就自动倒进山谷，然后一动不动，就这样一直到下午。日本人认为他已死了，没再更多地注意他。

夜幕降临后，他悄然爬出山谷、穿过日本人的封锁线，逃了出来。一条腿在从山谷上掉下来时扭伤了，使得他的行动异常艰难。但他的运气好，跑到了一个有我们的司机的地方，这位卡车司机不顾危险帮助他并和他一同上路。一路上，他们看到了无数被日本人集体枪杀的难民。大约一天后，他们来到一家农舍并且得到这位农民给的衣服，装扮成本地居民。

在荒野中又没有指南针，他们只好根据峡谷的风向来辨别方向。最后他们来到怒江惠通桥上游的江边，在那里，意外发现一条被遗弃的本地竹筏，帮助他们渡到了东岸。

三天后他们到达保山中途的一个小车站，由于蓬头垢面，穿着破烂的农民服装，无论柴先生如何解释，根本不能使任何人相信他是腊勐站的负责人。在这样的情况下，人们没有多余的时间和这样装扮的人瞎扯。幸运的是，这时刚刚来了一辆指挥部派出沿途搜寻本部失落者的救护车，而司机刚好认识柴，他才受到了无微不至的关怀，在医院里躺了两个月，他才从死亡的边缘回转过来。

由 Cheng Fu-hwa（陈孚华，译音）先生负责的另一个单位也被日本军主力部队的军官捕获，没被马上处死，是被分配做苦力，为日军拉水。

虽然他们都是一些强壮的汉子，因为不经常从事重体力劳动，还是难以习惯这种苦役。有一天当他们再次离开军营去拉水时，看守他们的一个日本兵对着他们的耳朵悄悄地说："现在是你们逃跑的好机会。"

他们吃惊地看着这个身穿日本军服的人，不知是否是个圈套。这人是个大汉子，操着一口地道的中国东北方言。可能是在日本军统治下的中国满洲人，所以对他们很好。

工程师们决定冒险，丢弃了水桶，然后开始他们漫长的向着怒江峡谷的艰苦跋涉。在这个季节里，峡谷一带十分干燥，所有的人都焦渴难忍。一天早上他们好像听到水流声，仿佛是个幻觉，他们朝着流水声走去，越来越近。然后他们看见了水源——凉爽的小溪确实就在一个小山下，但四周都是日本兵。

他们没有冒险，而是悄悄地走开了，但仍然缺水。终于到达怒江岸边时，他们已经完全耗尽了体力。现在总算有水了，他们尽情地喝，并坐下来休息了很长一段时间。然而，怒江仍是一个奔向自由的障碍。他们三个中，陈助理工程师是一个游泳高手；另一个能漂起来；而第三个人完全不识水性。

附近也没有任何船或竹筏。他们坐下来商量，在这样的情况下，如何可以活着渡过狂暴的江面呢？解决问题的思路总是从工程技术的角度着手，如过去曾考虑制作的摩托艇之类的工具。后来，他们发现有许多竹子，可以用它做个竹筏。那位能在水里漂起来的人守住船头，可以让竹筏避免撞到岩石上；旱鸭子坐在中间，他所能做的就是保住自己。而陈，这个游泳好手，他的位置在尾部，那里既是一个人工螺旋桨又是一个人工舵。出发后，小竹筏在江面上随波逐流，被冲到了下游很远的地方，他们紧张地操纵着，竟然躲过厄运到了对岸。几天之后，筋疲力尽地出现在公路指挥部里。

由于难民潮的涌入，保山人口急剧膨胀，大大超过它的负荷量。旅馆爆满，居民敞开家门接待难民，根本不考虑这些流浪者是否会给他们带来什么病菌的危险。不过仍然有更多的难民没有得到安置，城市的大街小巷被难民挤得水泄不通。到了晚上，人们倒地就睡，不管是在哪家的门口，还是在人行道上。

1943年5月4日，保山赶集，最拥挤最热闹的中午，敌人的轰炸机出现了，肆无忌惮地将他们的炸弹投到市中心。保山没有防空警报系统，死伤空前惨重。

到处血流成河，随后的巨大混乱使得许多尸体竟在废墟上暴晒多日无人料理，人们匆忙地穿过街道，用极度惊恐的目光搜寻他们亲人的尸体，或是忍受着巨大的悲痛在废墟中掘土找寻亲人。情形惨不忍睹。

霍乱接踵而来。如此众多的人在滇缅公路上旅行，没有水、没有卫生设备，以致其他疾病也逐渐出现了——疟疾、流行性感冒及痢疾。轰炸之后，很多尸体没有掩埋，许多人失去家园，霍乱特别猖獗。为了逃避再次轰炸，难民狂潮开始带着这些传染病向昆明涌去。

他们身上没钱、没食物、没衣服，什么都没有。中央政府对这紧急状况很快做出了反应。大量的卡车带着粮食、衣服和许多医疗用品去接应他们。由于行动及时、迅速，后果不堪设想的传染病的蔓延被扼制住，霍乱开始减少。

所有的学校、寺庙和每个可用的公众建筑物都被打扫干净接待难民。在昆明，居民们就像保山人那样，也敞开自己的家门接待他们。在我自己的家里就接待了 125 人。如此众多的外来人口突然流入一个本来就很拥挤的城市，肯定会产生巨大的混乱。但每件事仍然管理得井井有条，本地警察工作很有效率，他们全神贯注地投入到城市的公共事务中，防止了任何可能发生的过度杂乱。难民在经过艰苦卓绝的长途跋涉后，发现他们不仅有了一个可以容身的地方，而且这个地方就像自己的家。

那时候，我们接到命令破坏怒江东岸 30 多公里的公路。这是一个令人心碎的任务，它要毁坏我们付出了几个月心血的成果。可是在此种情况下，我们原先的贡献已经变得毫无意义了。

大轰炸后，我们全体人员都搬出了保山，现在我们又回来了，希望建立一个办公室继续工作，重新招募人员，从店主到收音机技工都要。

我永远不会忘记我们流着眼泪进入保山的情形：这是一座死城，举目看不到任何生物，到处是废墟和死一般的寂静，我们的脚步声在石头铺设的街道上发出空荡荡的回响使人毛骨悚然，而且到处都散发着令人难忘的气味。

我们的老办公楼完全被破坏了，重新修复完全不可能。我们继续西走，直到在一个小村庄发现了一幢普通农舍，在这里可以设立我们自己的办公室。

这是我人生经历中最悲哀的一页。到处都是白色的衣服，中国人服丧穿白色而不像西方人穿黑色丧服。就连空气中也似乎都飘洒着绵绵泪水，甚至老天爷也开始表达哀思——雨季来临了。

峡谷和怒江形成的角度使得破坏公路的工人很容易成为射击的目标。在悬崖和山弯处，毁路容易一些，但我们的每一个行动都在日本观察站的监视之中，他们可能就在对岸一个可以用枪打到的地方在等着我们。

我们不能放炮炸毁路面，因为爆炸声会暴露给日本人成为瞄准的目标。破坏江边的路只能靠锤、凿子和撬棍来完成。在路基松动后，就把大石撬走，五人抬一个石头，即使这样，一些碰撞在峡谷产生的回声，也非常可怕。工人们只好猫着腰干活，听到枪声就钻入水中或者赶快躲起来。夜里工作常常是摸黑干，因为任何光亮都是日本人开枪的信号。

开始时，危险不是很大，因为轻武器威胁不大，日本人也不像要大动干戈。随着时间的继续，他们弄来重武器并把我们当成目标后，我们也成了给他们制造麻烦的人了。

白天和夜晚我们往返于小村庄的总部和前线之间，在这两端，都处于战争和死亡之中。我们总部楼下是所医院，总是挤满了得霍乱而垂死呻吟的人。有些负伤的工人被抬到这里接受治疗，使我们有机会看到许多悲惨的情景。我记得，有位老工人的一条腿被敌人的炸弹炸伤了，当医生试图截肢时，发现他已经死了。

其实，除了死亡，医生很难为他再做些什么。

那时最著名的就是我们勇敢的工程师——王汉冲（译音）先生。他总是在最紧急的情况下接受任务。当这样的情况出现时，他很自然地扮演一个并不情愿的重要角色，常在日本人的炮火下亲自监督最艰难的毁路工作，直到有一天他被碎片打伤了手臂，必须到医院治疗为止。

由于工人和工程师熟练的技术和富有牺牲精神的努力，公路很快被破坏了，任务完成得非常彻底。今后要重新修复又将花费很多时间。远离怒江后，工作完全没有危险和太大的困难，炸毁公路也不用担心引来炮火。很幸运，从保山来了许多爆破专家为我们工作。这些住在旅馆的人，有钻孔的，也有安装炸药的。他们非常清楚在炮火下工作的危险，但他们仍然自愿来工作。

毁路任务终于完成，它竟落到这步田地，我们心如刀绞。公路其他部分的维护段分到了我们收集到的各种剩余设备。下关的办公室里云集着数以千计的卡车司机、工人、工程技术人员，除了身上的衣服外，他们已一无所有。一夜之间什么都失去了，工作没有了，并受到疾病、饥饿和死亡的威胁，但没有发生任何混乱和歇斯底里。

我非常尊敬他们。

交通拥挤

极端的拥挤和数不清的困难一直是滇缅公路交通运输上难以解决的大问题，它不仅仅是运输部门或公路指挥部工作粗心和低效率的结果，也有其他诸多原因需要说明。我这样做不是为了良心上的安慰，而是为今后提供一些有用的启发。这些原因是：

一、世界性的突发事件使得形势几乎每天都在迅速变化，因此干每一件事都非常匆忙。没有时间等到筑路的基本机械设备到货后，再使用它们进行最有效率的施工。

二、这种现代公路在中国是个新鲜事物。战前不久，才由中国国家经济委员会批准开始修建第一条这样重要的公路。同时，中国还没有多少卡车，交通运输主要靠航运、铁路和各地的两轮运货马车。

三、专业人员不多。云南熟练的卡车司机还不到百人且大多数人来自一些省外大城市，诸如上海和汉口。绝大部分专业人员都是在沦陷区，待在那里照看他们的家庭。

来到这里的司机根本不知道他们要在有如此可怕的急弯和陡坡的公路上开车。长距离开车他们很不习惯，常被累垮。他们过去都在城市里的坦道上开车，只有很少的人熟悉交通规则，懂得汽车的机械学原理。运输部门的学校应该训练这些司机，而这样的学校很少，只有南京的国家经济委员拥有，但只有两门课程，训练很不完善。

四、不可能买到所需的所有机械和设备，并进行必要的安装。因为政府除了交通运输外，还有许多其他的开销，同时由于时间太短，来不及交货。

五、几千年来，绝大多数的中国人一直都是农民，从来没有必要去注意和英寸差不多大小的度量衡，所以完全没有精密的尺寸观念。训练他们掌握发动机的特性需要许多年，从使用很大的粗糙农业工具一下子到掌握这些精密机械对他们是个巨大的飞跃。不过一旦他们确实掌握了精密机器的观念，就可以充分利用机械学。

六、公路路面不适合重载的运输。结果出了这么多的问题。

七、许多部件都因为安装不当损坏了，这是因为缅甸工人粗心和轻率的结果。仰光是个商业和农业城市，不是一个工业城市，碾米机和锯木厂是它的强项，安装工厂一下子需要装配这么多的卡车，他们从来没遇过，太紧张了。

八、有时一次到货1500至2000辆卡车肯定是不能装配好的，而且这些车辆的备用零件、配套工具以及设备的数量从来就不够，甚至根本没有。许多车主都是业余的，出了问题，或者领到一部新车时，根本就不知道怎么办。

这样的例子太多了。如果要有 1000 辆卡车运营，那么这个运输单位就需要 1500 名司机、1000 个间隔车库、至少 200 名机工和工程师及相当数量的机械工具、备用零件，以及由于人员的增加所需的储器间和宿舍等等。一个新建单位面临这么多的问题，对他们肯定是太难了。

九、由于每个人都急于使更多的材料到货，使得所有的卡车都超载。在畹町边境，我们设了一个检查超载的检查站。登记簿上一般载重 5 ~ 6 吨的车，货运的最高纪录竟达到 10 吨。后来司机们就走小路绕过检查站，照样超载。这样很自然使得卡车的寿命大大缩短。

十、这是一个物理学的法则，在海拔 460 米，发动机可以正常运行。如果海拔再增加 460 米，就要消耗 5% 的动力，这就叫海拔动力递减（upon to operate）。因此，在高海拔的滇缅公路上，引擎只有 75% 的动力可以使用。这是大部分的司机不了解的一个事实，他们的超载使得发动机的负荷更要加大。

随着时间的推移，了解这些问题和解决问题的方法的人越来越多。我们希望将来没有一个人再面对这些麻烦。

不涉及任何商业利益，从纯技术的角度，我想提出如下建议：

我希望未来汽车工业不要以载重量来作为卡车销

售的基础，这使得消费者产生误解。在有高等级公路的保证下，下一个重要的事，就是销售到中国的卡车应该至少载重5吨，除此之外都不适合。中国大部分的货物是散装货，很少特殊货，车主希望卡车有能力为他赚钱而多拉快跑。

就个人而言，我首选的是柴油牵引拖车或是半拖车，这可使重量平衡分配。如果是重型发电厂可以使用活塞转速低的车辆，为的是延长车辆寿命和不经常修理。在滇缅公路上，我们有些柴油牵引八轮大拖车可以载重6～8吨，令人非常满意。而且这种车的吨/公里的价格仅仅是普通的3吨汽油卡车的1/15。这场战争已为汽车工业提供了这么多有价值的经验，应该并能够改善他们的战后产品。"CASE"和"国际牵引者"^①多年来一直为我们提供车辆并且仍然将会这样。战后我完全相信可以，也会有更好的汽车。

汽车制造商为地方小型汽车修理厂提供一些建议、计划，很有价值，从中可以表现双方的设想和多种多样的才能。双方应交换名字和地址，设备工具、尺寸、价格及能力。

每辆汽车，都要加个额外的钢板用螺丝拧紧，上面说明：型号编号、生产日期、引擎号码（有些人用车辆的汽缸数目为发动机的编号）、最大载重量、前后轮胎的气压，以及油嘴的数量（有许多油嘴在底盘下一直没被发现）。

---

① 此为两个汽车品牌。——译注

　　还有一个非常重要的建议要特别注意，就是前后载重抗冲击的减震器，它有助于阻止弹簧的断裂，这是滇缅公路上令所有车主最头痛的事。

　　另外，在车辆发货时，就要充分注意备用零件，这就像在病人到达之前就要准备好医院一样。

　　在备用零件上打印型号也是一个明智的办法。由于备用件上有型号，使得我们建立了桥梁的备用零件系统，使用起来非常有效。在中国，这种技术专门术语各地不一。比如千斤顶在上海的中国名字是"ahfusah"（阿富萨），意思是"你砸不碎压不动它"；北方人叫"千斤顶"，意思是"能举起千斤重的东西"。千斤顶在上海还有另外五六个名字。

　　卖出的卡车要有钢制的车身，且有备用的。这就是为什么在滇缅路上会发现大量两吨半的雪佛兰卡车车身之故，它都是从租借法案中得到的，车主和司机都很喜欢。经常超载很容易使车身损坏，有了现成的车身就容易更换。最后一些太大的车身对经销商和买主都不合适，而且增加空重。

结束语

现在的滇缅公路，是在非常紧急的情况下建造的，代价是数千人的生命和几百万美元，以及成千上万不知姓名的工人的辛勤劳动，同时还有盟国的援助。1945年初，中国的两支军队在击败了日本人后到这里会师，使得这条公路通过印度的利多公路①再次使货运车队源源不断地来到昆明。

希望战后这条公路，不仅有助于商业方面的运用而且还要世世代代保留下去。我们的后代永远需要它，却不用重复筑路的艰难。

滇缅公路的完成，唤起了人们对世界这个角落的注意。战前，不仅云南临近的几个省，就是云南本省，其他地区的人对它也完全无知。现在，不仅中国和亚洲，就在遥远的大洋彼岸，也有数百万人熟知这里。

这里的美景数不胜数，已经吸引了许多人。这里的自然资源等待着开发，云南省有丰富的锡、铁、煤、水银及许多其他矿物资源，还有丰富的水力资源。所有这些都是战后经济繁荣的基础。

从这个方面看，虽然它绝没有达到我们希望的标准，但是，滇缅公路至少为未来中美两个最伟大的民

①即史迪威公路。——译注

206

族在亚洲的历史性的相会走出了决定性的一步。下一步的最后连接，是由利多公路来完成，这需要更多的决心和能力来穿越丛林和山岳。

现在这两条公路已经完成了伟大的联通。现代文明将加速来到这个地区。我衷心希望滇缅公路的修建过程能永远非常清晰地保存在人们心里，这比在终点站昆明或者在畹町建立一个永久的无名英雄纪念碑更为重要。正是由于全体建筑者的忍耐和贡献，才使得我们这个民族可以继续延续下去，人民今后才可以在这条现代公路上自由穿行，更多地观赏大自然的美景，而这条公路给予人们的激情可能超过了他们旅行本身所能给他们的。

附　　录

公路是血路[①]

王锡光

　　修公路，大建树；凿山坡，就坦途；造桥梁，利济渡。裹粮携锄怒江边，哪管老弱与妇孺，龙陵出工日一万，有如蚂蚁搬泰山；蛮烟瘴雨日复日，餐风饮露谁偷闲。

　　总动员，追呼征逐荒园田，褴褛冻饿苦群黎；星月风尘度新年，一段推进又一段。死病相寻受颠连，飞沙走石轰石切。力已竭尽汗已干，伟大工程三百里，数月完成凭苦干。

　　民众力量真魁伟，前方流血后方汗。不是公路是血路，百万雄工中外赞。土方竣，铺沙填石更紧张。可恨天公心不良，朝朝暮暮降沱滂。

　　补倒塌，更难当。违误通车干军法，县官焦急一日忙；力竭声嘶呼民众，辛苦艰韧莫彷徨。非怪功命急如火，为国贤老罔自伤。

　　东洋倭祸已深入，封我港口占我疆。君不见，兽兵到处嗜屠戮。华北华南尽遭殃。又不见，华东华中成焦土，牛马奴隶俎上肉。

兵员补充战疆场，胜利必须武器强，还要交通畅。努力打开生命路，出海通达印度洋。国际同情齐援我，军火运输畅通航，最后胜利确把握，驱逐强盗国土复，还我山河武穆志，坚定信念兴民口。

转选自《山红谷黑》

工人出版社 1993 年版

滇缅公路

杜运燮

不要说这只是简单的普通现实，
试想没有血脉的躯体，没有油管的
机器。这是不平凡的路，更不平凡的人，
就是他们，冒着饥寒与疟蚊的袭击，
（营养不足，半裸体，挣扎在死亡的边沿）
每天不让太阳占先，从匆促搭盖的
土穴草窠里出来，挥动起原始的
锹镐，不惜仅有的血汗，一厘一分地
为民族争取平坦，争取自由的呼吸。

放声歌唱吧，接近胜利的人民，
新的路给我们新的希望，而就是他们，
（还带着沉重的枷锁而任人播弄）
给我们明朗的信念，光明闪烁在眼前。
我们都记得无知而勇敢的牺牲，
永在阴谋剥削而支持享受的一群，
与一种新声音在响，一个新世界在到来，

如同不会忘记时代是怎样无情，
一个浪头，一个轮齿都是清楚的教训。

看，那就是，那就是他们不朽的化身：
穿过高寿的森林，经过万千年风霜
与期待的山岭，蛮横如野兽的激流，
神秘如地狱的疟蚊大本营……
就用勇敢而善良的血汗与忍耐
踩过一切阻碍，走出来，走出来，
给战斗疲倦的中国送鲜美的海风，
送热烈的鼓励，送血，送一切，于是
这坚韧的民族更英勇，开始拍手：
"我起来了，我起来了，我就要自由！"

路永远使我们兴奋，想纵情歌唱。
这是重要的时刻，胜利就在前方。
看它，风一样有力，航过绿色的原野，
蛇一样轻灵，从茂密的草木间
盘上高山的背脊，飘行在云流中，
俨然在飞机座舱里，发现新的世界，
而又鹰一般敏捷，画几个优美的圆弧，
降落到箕形的溪谷，倾听村落里
安息前欢愉的匆促，轻烟的朦胧中
洋溢着亲密的呼唤，家庭的温暖，
然后懒散地，沿着水流缓缓走向城市。

214

就在粗糙的寒夜里，荒冷
而空洞，也一样负着全民族的
食粮：载重卡车的亮眼满山搜索，
搜索着跑向人民的渴望；
沉重的胶皮轮不绝滚动着
人民兴奋的脉搏，每一块石子
一样觉得为胜利尽忠而轿傲：
微笑了，在满意地默默注视的星月下面，
微笑了，在热闹的凯旋日子的好梦里。
征服了黑暗就是光明，它晓得：
大家都看见，黎明的红色消息已写在
每一片云彩上，攒涌着多少兴奋的面庞，
七色的光在忙碌调整布景的效果，
星子在奔走，鸟儿在转身睁眼，
远处沿着山顶闪着新弹的棉花，
滇缅公路得到万物朝气的鼓励，
狂欢地运载着远方来的物资，
上峰顶看雾，看山坡下的日出，
修路工人在草露上打欠伸："好早啊！"

早啊！好早啊！路上的尘土还没有
大群地起来追逐，辛勤的农民
因为太疲倦，肌肉还需要松弛，
牧羊的小孩正在纯洁的忘却中，
城里人还在重复他们枯燥的旧梦，

而它，就引着成群各种形状的影子，
在荒废多年的森林草丛间飞奔：
一切在飞奔，不准许任何人停留，
远方的星球被转下地平线，
拥挤着房屋的城市已到面前，
可是它，不许停，这是光荣的时代，
整个民族在等待，需要它的负载。

1942年1月于昆明

（选自昆明1942年2月25日《文聚》杂志一卷一期）

抗战时期的西南运输处和华侨机工

董　沛

1937年抗战开始后不久，重庆作为陪都后，云、贵、川成为支持全国抗战的大后方，但大后方没有铁路，地势多山，全靠汽车运输，汽车就成为战时最迫切需要的交通工具。我国不但不能制造汽车，连汽车配件也靠国外输入。战前进口的汽车，厂牌复杂，购自英、美、德等国且多已陈旧，不能胜任巨大繁重的军运任务。这时以陈嘉庚为首的一批爱国侨领，在南洋各地展开募捐运动。我国侨胞多数聚居在南洋各地，经过陈嘉庚等侨领倡导捐款，各地爱国华侨热烈响应，筹集了一笔巨款，购买了1000辆道奇牌汽车捐给国家，以后又陆续捐献过几百辆。陈嘉庚了解到祖国抗战急需汽车，也需要汽车司机和修理工，于是从新加坡扩展到马来西亚、印尼各地，成立"南洋华侨机工回国服务团"。很多华侨青年踊跃报名参加，他们满怀爱国热情，分批从南洋回国参加抗战，担任运输工作。他们到达昆明时，曾受到了盛大的欢迎。这些参加回国服务团的华侨青年中，有的在南洋各地当汽车司机或

217

修理工，有的是商人和学生。他们中有一些人的家庭是富裕的，拥有商店或橡胶园，属于中产阶级，有的则是贫苦华侨。少数人已结婚有子女，多数是未婚青年。从籍贯来说大都是广东、福建人，有些移居南洋已有几代，在当地出生，是第一次回到祖国，有些是幼小时随父母迁居南洋，他们几乎每个人都能说广东、福建的几种方言，例如广州话（白话）、潮州话、客家话、琼州话（海南岛方言）、福州话、闽南话等，并且都会说马来语。这些回国服务的华侨机工，总数约在3000人左右，是分成多批回国的。当时西南运输处在昆明潘家湾昆华师范学校开办了一个"运输人员训练所"，所长由张炎元兼任，军衔是少将。该所在各地招考一批具有初中、高小文化程度的青年，分别编在各班，根据不同工种进行培训，既培训驾驶员和修理工，也培训车务、站务管理人员。南洋华侨机工回国服务团的分批到来，都由西南运输处运输人员训练所接受，分别编成几个大队，进行一些必要的训练。与此同时，由陈嘉庚捐献的汽车，已分批运到仰光，经过仰光分处汽车车身装配厂装配完成，由火车运到腊戍，等待接车使用。另一方面大批抗战所需物资，也由火车运到腊戍，有些物资则由水路运抵八莫，等待装运回国。为此，先回国的华侨机工中，凡持有驾驶执照的，有些未带执照，其原来职业是汽车司机的，经过甄别考试合格后，先编成两个大队，命名为华侨先锋第一大队和第二大队，向缅甸驻昆明领事馆，办了临时护照手续，立即从昆明去腊戌接车，并装运物资回国。这两个大队常驻遮放，以后就担任遮放至腊戌、遮放至八莫的运输任务。

我在1939年6月底从学校毕业后分配到昆明西南运输总处工作了两月。处长姓饶，曾留学法国。运输处有两个科，每科又有两个股，分别主管运输业务，如车队人员配置，各地运输站的监护以及机务方面各修理厂、驻修所、材料、油料、零部件的计划调配和技术员工的任免调配等。还有几个处和很多科股各有专责，包括申请外汇，向国外订购汽车及轮胎、油料等。另有一个属于特务系统的警卫稽查组，组长张炎元，在各分处设有稽查科，设有便衣稽查多人，以监视员工的违法行为。在各大队还派设政治指导员管思想工作。

不久，我被调到运输人员训练所担任汽车教官（教员），当时有学员四个大队共1000多人，都是华侨机工，而汽车教官只有20多人，既要上课，又要教练操作，任务很重。学员中间有些人是能驾驶汽车的，但因滇缅路山高坡道长，弯道多，公路窄，路面不平，这种新的情况是华侨机工们在南洋所没有遇到过的，因此仍需经过培训才能胜任驾驶工作。有些学员，原是商人、学生或是别种工作的工人，不会开汽车，因此需要从基本动作教起。我们根据难易，选择昆明温泉、西山、筇竹寺、碧鸡关作为驾驶训练场地。最后经过考试及格才能分出去接车，担任运输工作。每期训练三个月，有些班是六个月，考试不及格的继续训练，至下一期考试及格为止。

当时的缅甸是英国殖民地，自从滇缅公路成为中国对外国际供应线后，日本帝国主义很恼火，为了使中国窒息，屈服投降，因此向英国施加压力，迫使英国政府将滇缅公路封闭了三个月（时间为1940年7月18日～10月18日）。但后来英国认识到，日本帝国主义的野心不以侵略中国为满足，而中国的坚持抗战对英国有利，所以又重开滇缅公路。这时缅甸境内积存的车辆及物资很多，亟待运回国内，于是就在华侨机工中，把经过考试及格的编成一个大队，番号是"西南运输处第九运输大队"，于1939年底开赴芒市去接车（当时已有一批汽车由华侨先锋队从腊戍接来芒市存放）。我担任该大队第二十六中队长，1940年秋全大队从芒市调来保山，我驻永保书院。以后又陆续编成了一批运输大队，接了新车，参加滇缅公路的运输任务。

西南运输处全盛时期，有20个运输大队（两个华侨先锋大队包括在内），其人员编制：大队部有大队长，大队副各一人，军需室管财务会计三人，车务室管调度两人，政工室管宣传教育的政治指导员一人，技术室管车辆修理保养，设技佐（技术员）一人，并管理全大队修理工20人（仅担任日常的小修，损坏零件及各种保养则送修理厂），副官一人，负责庶务工作，管理大队部伙食及炊事员杂勤工等。大队辖三个中队及一个补充中队，每中队有汽车 50 辆，补充中队有汽车 20 辆，全大队共有汽车 170 辆。中队编制为：中队长 1 人，中队副 3 人，补充中队只有中队副一人，事务员 3 人，分管统计报表、伙食等事务工作。中队自开伙食，有炊事员 8 人，雨季时常因坍方路阻，炊事员随车队出发在中途开伙。中队辖有三个分队，有分队长 3 人，分队副 3 人，每分队有汽车 15 辆。中队多余车辆由分队长或分队副驾驶。开始时是编队行驶，由干部带队，但其后因装卸货物地点各不相同，逐渐形成各自驾驶不再编队。有时大队的修理工分到各中队，也随车出勤。中队干部大都带着车队执行任务。

西南运输处是抗战时期，大后方最大的汽车运输机构，辖有汽车 3000 多辆，其中半数是由海外华侨捐赠。当时在滇缅公路上行驶的都是新车，抗战前购进的车辆，则行驶在昆明至贵阳、贵阳至柳州、贵阳至重庆、贵阳至湘西以及川滇东路（泸州经毕节至曲靖），把缅甸进口的物资源源运向各地。

南洋华侨机工回国服务团的成员，都在西南运输处各大队当驾驶员和修理工。一部分人被提拔，担任车队的分队长、分队副、事务员，或是大队部的会计、调度员。另一部分人被安排在各地管理站，担任站务员、吊车驾驶员及各站修理工。各站修理厂、驻修所中，多数是华侨机工回国服务团的成员，个别有管理能力的还被提拔担任大队领导。有一个叫王亚能的，系印度血统，曾在保山担任第十一大队大队长，驻永保书院，能说多种语言，工作认真负责，以后调去他队。

在滇缅路沿线的主要管理站，如昆明、楚雄、下关、永平、保山、龙陵、芒市、遮放各站都附设食宿站，伙食低廉，住宿免费。驾驶员及随车出勤人员，每完成一次任务，根据行车路单，按日数领取出差费，除应得的工资差费外，他们从不牟取非法收入。华侨机工，分布在滇缅路的各个车队、管理站、修理厂和驻修所，他们都勤奋工作，不辞劳苦，不计报酬，廉洁奉公，爱国守法，以出勤为光荣，以懒惰休息为可耻，没有星期天，没有节假日，不分晴雨，只知努力工作，实践他们回国服务的初衷。他们在西南运输处，起着骨干作用。

1940年10月，爱国侨领陈嘉庚带着南洋侨胞的关怀，来滇缅公路向"南洋华侨机工回国服务团"的成员进行慰问。当时保山是华侨机工在滇缅路的最大集中地，驻有四个大队和一个修理厂。保山分处为了欢迎陈嘉庚先生的到来，在永保书院内停车场中搭了一个高台。这一天各车队、站、厂、医院的华侨机工，包括执行任务中过境的华侨机工，西南运输处保山分处的各级干部和一些来宾都来参加欢迎大会。陈嘉庚先生不会说普通话，讲的是闽南话，因此由另一位能讲普通话的随行人员，站在他身边当翻译。陈嘉庚先生表情严肃，态度庄重，他恳切地转达了南洋华侨父老们对回国服务的华侨机工的关怀和慰问，并殷切勉励他们奋不顾身地为祖国的抗战事业献出自己的全部力量。我当时还是青年，很为这位爱国侨领的讲话所感动。他满怀热诚，期望祖国抗战胜利，表示他将继续动员海外华侨出钱出力，支援祖国的抗战，渴望早日胜利，收复失土。陈嘉庚先生忠贞的爱国态度，和当时一些热衷于发国难财的奸商相对比，更显示了崇高与渺小，可敬与可恨。陈嘉庚先生在保山还接见了一些华侨机工。广大爱国华侨机工，确实没有辜负他的期望，当时滇缅路上开商车的人大吃大喝，生活奢侈，而华侨机工都鄙视他们，坚守着自己的岗位，毫不为之动摇；有的带病坚持工作，吃苦耐劳，不求名利。一次我带队行驶到腊勐附近时，看到本队一辆车停在路旁，我以为是发生故障，车子抛锚了，经过询问，才知驾驶员因疟疾发作正在发烧，伏在方向盘上休息。我要另派一人替他开车，他拒绝了，说等到发热退去后，他会开车赶上来的；果然我回保山不久，他也赶回保山了。这种使人感动的事例可太多了。当驾驶员的不愿在队休息，以开车出勤为乐，担任修理工的人，认真修理，一丝不苟，车子不修好决不休息，这是他们可贵之处。但他们也有缺点，例如喜欢开快车，常因会车、超车和外单位车辆的驾驶员发生争吵，甚至打架。对于同为回国的华侨机工，只要对方说广东、福建话或是马来话，则又互谅互让不再争吵了，这反映了他们之间是讲团结的，他们都是为抗战而努力的。

西南运输处各队车辆，从腊戍运进来的都是军火，轻重机枪，各种炮及弹药，以及汽油和轮胎。运到昆明后即放空回去，只有少数车辆在昆明装运过大锡、银圆，也运过一些黄金出口，大锡浇铸成大块，不装箱，银圆是装箱的，黄金则用吊车吊装在一个两吨重的大木箱里，吊放时要事先量好位置，因为放在最前和最后都不利于驾驶，另有四个武装宪兵随车押运。那时车辆的吨位，多数是载重两吨半，后期进口一批三吨半的道奇车，就被称为大道奇了。这说明我国抗战所需军火武器等物资，是用黄金白银和其他战略物资换来的。

西南运输处接收的汽车都是美国制造的道奇、雪佛兰和捷姆西，以及抗战前从英国进口的礼和、怀特等厂牌汽车。当时只进口汽车，没有进口零部件，车辆损坏后常因待料而长期停放在各地修理厂。但是为了运输需要，不得不用拆东墙补西墙的办法在待料车上进行拆拼，致使有些车辆无法修复，能行驶的车辆逐渐减少。那时，西南运输处机构臃肿，管理不善，弊端甚多，所以1941年春，中央派军委后勤部长俞飞鹏来昆明进行整顿。当时，把西南运输处改组为"军事委员会运输统制局滇缅运输管理局"，专管滇缅路运输。俞飞鹏来保山视察时，住在太保山玉皇阁（玉皇阁在当时被用做招待所），撤销了保山分处，大量淘汰了不称职的干部。对中队长以上的负责干部，逐个进行甄别谈话，将当时驻保山的第九大队和第十一大队合并为直属第十五大队，以杨友柏为上校大队长。直属大队就是加强大队，将报修待料的汽车除名，补充了车辆，调整了干部。编余的驾驶员工资照发，作预备驾驶员。我任十五大队少校中队长，驻永保书院，驾驶员都是华侨机工。保山分处撤销后，设立保山管理段，管理保山、昆明间运输，派李承恩为少将总管。李毕业于保定军官学校，当过汽车第一兵团团长，是个老资格的军人，对军运工作有经验。整改后气象焕然一新。虽然番号改了，裁撤合并了一些上层机构，但各地厂、所、站仍然依旧，还增设了一些必要的加油站和食宿站，例如瓦窑、功果、一丘田、腊勐等站，更加方便了驾驶员的工作和生活。

那时日本飞机常来轰炸保山，一次紧急警报过后很久，仍不见日机临空，我因事需要回队部，就从城外回永保书院，不久听到天空呼啸声，从屋内出来抬头一看，炸弹已从头顶下来，我急忙奔向墙外立即卧倒，炸弹就落在永保书院天井里爆炸。后墙被炸掉半截，断瓦碎石泥土堆满我的一身，幸未受伤。我回身巡视永保书院，看到天井中一个很大的炸弹坑，门窗屋檐都被炸毁，一个无头尸体伏在地上，以后在别家院子里找到他的头颅。他是另一个大队的中队长，姓陈，广东人，25岁，也是因警报后时间太久，从城外回来的。他订婚不久还未结婚，以后为他开追悼会安葬。

存在缅甸腊戍、八莫的待运物资越积越多，要求各队加紧运输。1941年12月初，日寇发动了太平洋战争，战火逐渐蔓延，于是进入了抢运阶段，增派驾驶员日夜驾车抢运物资。各地仓库堆满了大量物资，保山的仓库设在马王屯，都是在树林里新建的简易仓库。那时的马王屯一带，树林茂密易于隐蔽，不易被日本飞机发现，从未遭受敌机轰炸。

湄公河大桥（实际上是澜沧江上的功果新桥）

被日本飞机轰炸之前和之后的照片

敌机也常来轰炸功果桥（原桥在今永保桥上游），那里驻有一个高射炮营，炮兵阵地设在半山腰，敌机不敢低飞。低飞时，苏联制的高射炮立即开炮射击。一次，击伤了一架日机，观察哨报告说，看到敌机上有人跳伞，但是搜索了几天都未发现。后来听说高炮营抓到一个可疑的人，我赶到功果桥找到高炮营刘营长，观看了这个人。据刘营长说，不像当地少数民族，用汉语和当地少数民族语言问他，他不回答，当地人也没有人认识他。当时找不到会说日语的人，我用仅会说的几句日语问他："你是日本人吗？"他朝我望了一眼不回答。看他中等身材，光头，颈短膀宽，胸脯厚，年约二十五六，穿一件没有领子的白衬衣和短裤，体貌特征很像日本人。只是不说话，拿纸笔给他，他也不写字，拿饭菜给他当面不吃，无人在旁时吃得精光。高射炮营刘营长认为，他跳伞后躲了几天，找不到吃的只好出来，将飞行员服装脱掉，只剩下衬衣衬裤，断定他是日本飞机驾驶员，后来将此人解去昆明，由上级处理。

1942年初，日本军队分别侵占了马来西亚和泰国，企图侵占缅甸，我国派出了援缅远征军，第五军、第六军、第六十六军陆续从昆明、祥云，向保山、芒市等地推进，我们的车队又担负了运送部队的任务。3月，日军分两路侵入缅甸。我们将物资运抵昆明后，满载军队及装备到保山，又接着运去芒市、腊戍。我队担负运送六十六军二十八师部队，这支部队臂章上有"翼龙"两字，武器装备很好，士兵也身体健壮，精神饱满，就是蛮不讲理没有纪律。六十六军少将参谋长姓张，亲自来我队部联系派车事宜，态度很好，对"翼龙"部队指示也很明确，嘱咐他们运到后将车放回，但是，当我队汽车将他们运抵芒市后，他们却将车辆扣住不给回来，用武装兵将驾驶员看押起来，听他们使用。当时抢运任务紧急，将部队运到芒市后，应立即装运物资回来。我亲自去芒市找到扣车的那个团长，这人姓羊，四川口音，蛮不讲理，说他们还要前进去缅甸，并对我威胁说，再啰唆连我都扣起来。这时情形混乱，车辆驾驶员已脱离掌握，有些已被裹胁开去缅甸，有些机警的，瞅着机会就开车回来了。据回队的驾驶员说，我队黎锡宽偷着开车回来时，被"翼龙"部队开枪打死在驾驶室里。黎锡宽勤快忠实，不多说话，海南岛人，当时约20岁，他是青年学生参加南洋华侨机工回国服务团回国的。我没有找到他的尸体，连他驾驶的那辆车也没有找到。"翼龙"部队开去缅甸时，强迫带走了一些车辆。后来才知道这个"翼龙"部队是别动总队改编的，别动总队是一支特务武装，一贯欺压人民，胡作非为。由于国民党军的腐败，才会产生这样无纪律的部队。后来这个部队在腊戌守不住，在龙陵又守不住，师长刘伯龙带着20多人逃到腾冲，以后又逃回后方去了。

在这以后的一个多月，是抢运任务最紧张，运输最忙碌，也是最混乱的时期。我们是加强队，除原有车辆外，我队又从腊戌接回来20辆雪佛兰牌新车，放在停车场。这时因运输任务繁重，车辆奇缺，就分配一些没有车的驾驶员开这批新车，投入使用。四月底，我带着三辆车去八莫抢运汽车，途中看到两辆本队车没有装货，也带去八莫装运汽油，本来听说前方战事还在棠吉一带激战，准备在曼德勒会战，离我们很远。我们到八莫刚装好汽油，遇到几个佩戴皇家空军臂章的英国人，其中一个大声对我们说：日本军队已到腊戍，你们的归路可能被切断。我们五辆车匆忙离开八莫，这时八莫街上已经紧张慌乱，有些店铺敞开，店主早已逃走，有些店铺关着门，满街有散落的衣物。途中，一些华侨挡路爬上了我们的车。我们到里程碑105M处，看到左边去畹町的大路上，从腊戍方向来的汽车源源不绝，车上都坐满了逃难的华侨。进入国境畹町、遮放，很多饭馆都已关门，行人稀少。到了芒市，我们开了一夜车感到肚子饿，就下车找饭吃，饭馆的饭菜，都被先到的人吃光抢光，最后饭馆主人也丢掉一切，爬上我们的汽车跟着回来了。我在国门畹町、遮放一带，没有看到有军队挖壕防守，而我援缅远征军又都远在曼德勒附近，后方空虚没有部队，以致日寇一支快速部队坐汽车前进，轻易地占领了腊戍，顺公路前进，沿途未遇到我军阻击，就轻易地进入了国境畹町。日寇穿着英军败退时丢弃的军装，换上了缅甸牌照的汽车，利用我们的混乱，混杂在我们从腊戍撤退的汽车后面，放下篷布，不露声色，企图跟着大批车辆偷过惠通桥。我所带的五辆车已被蜂拥而来的汽车隔开，只有一辆跟在我的后面。过芒市上坡时，遇上了大批车辆，车行甚缓，只能一辆一辆跟着走。这时，忽然遇到一个好友小范，开着一辆吉普车追上来，说他是带队从贵阳来腊戍接吉普车的，因有辆吉普车驾驶员生病发高烧，不能开车，他看到我从他前面过，特地追上来，向我借用一个驾驶员。他们接的这些车，是中国最早进口的威尔士吉普车。于是我将大车交给了身边的驾驶员，跟小范转回后面路边竹林中，接驶了停着的吉普车，这一天是5月3日，汽车一辆接着一辆，走走停停，慢得像牛车，天黑才过龙陵。每个人日夜抓着方向盘，看到前面的车动了，就跟着走一段又停下来等待。这一天，早上从芒市出来，天黑过龙陵，只走了五六十公里。沿途没有吃的没有喝的，幸亏我还带着几罐炼乳和沙丁鱼，我和小范在停车时，饿了吃沙丁鱼，渴了喝炼乳，天气热，喝了稠的炼乳口更渴。我们两人商量，只有乘天黑超车，拼命赶向前面，只要有三公尺空隙，我们就插进去，若白天超车，别人就会大骂你是"汉奸"。若因超车而阻塞了公路，别人就群起殴打这个超车的驾驶员，虽然如此，仍有人因超车阻路，或因故障抛锚，阻塞了公路，这就是走走停停的原因。我们依靠吉普车速度快，体积小，车身短，没有噪音的特点，这一夜不知超过了多少汽车，天明时离惠通桥已不远。5月4日，我们在上午过了惠通桥，过了桥，车仍拥挤，只能一辆辆跟着前进。到一丘田，这里本是加油站，但站上人员已无影无踪，汽油桶横七竖八，随便由人加油。我在这里遇到一辆本队车，从芒市满载一车汽油去昆明，我就将吉普车交还小范，由他在一丘田等他后面的吉普车队，我即随本队车回保山。走不多远，听到沉闷的飞机声，就下车隐蔽，看到27架编成三队的飞机从头上缓缓飞过，这就是轰炸保山的敌机，飞得并不高，飞得也不快，机翼上的太阳标志看得很清楚。飞机过去后，我随车快到松坡山顶时，看到三十六师的部队，乘车迎面开来，驾驶室顶上架着轻机枪，他们直奔惠通桥，这支部队来得太及时了。沿途车辆仍多，我们只能慢速前进。黄昏抵保山，才知保山被炸，南门城墙边房屋都被炸光，到处尸体横卧，南门街一带大火还在燃烧。汽车无法进城，只得绕城至小北门外，没有找到队部人员，只听到不远处还有爆炸声。我这时正患痢疾，为此路上多次停车，肚痛得不能直腰，只有连夜去下关住院，那时下关有个红十字会医院，是从上海迁来的，条件设备较好。当我们次日上午到达下关红十字会医院时，不但病床住满，连医院的走廊上、天井里都睡满了病人。有些病人从公路边爬到医院，有的竟死在爬往医院的途中。一位护士包了几包药粉，叫我吃了赶快去昆明。驾驶员符和林是华侨机工，年龄只有20岁，工作认真负责，能吃苦耐劳，他又连夜开车，次日到达昆明时，我已不能行动，就住进了医院。

滇缅路撤退时的慌张混乱，无人维持交通，汽车互相超车抢路，有时几辆车挤在一起，因为后面的汽车都是一辆跟着一辆，没有回旋余地可以倒车，进退不得，造成公路阻塞。这使惠通桥炸断后，尚有上百辆满载物资和难侨的汽车没有来得及过桥。日寇早已混在大批车辆中间，原拟伪装成英国军车，混过惠通桥，后因被工兵发现，同时桥已被炸断。因此，他们即对未及过江的伤兵散兵，侨胞难民，用军刀大砍大杀，死伤无数，有些不会游泳的人，被迫跳入怒江淹死。据一个后来从怒江上游泅水逃回的华侨机工说，日寇未杀汽车司机，强迫他们掉转车头，将满载物资的上百辆汽车，开回龙陵、芒市，成了战利品。

滇缅路撤退时，国境内，沿公路各要点，没有布置军队防守阻击，即使有一些部队，也未死守杀敌，而是闻风溃散。同时，交通无人指挥，车辆无人检查，致使日寇军车长驱而入，到达惠通桥怒江边。这种混乱慌张，足以说明国民党军事当局昏庸无能，没有担负起守土卫国职责，导致滇西国土，大片沦丧，多少人命伤亡，多少物资损失！亲历其境者，莫不痛心，痛恨。

滇缅路被切断后，中国的国际供应线从此断绝，物资更为缺乏，抗战进入了最为艰苦的时期。而担负滇缅路军运的滇缅运输管理局，因大批车辆人员物资的损失（怒江以西的仓库，都没有破坏，落入敌手），各修理厂、所一大批待料的车辆，无法修复形成报废，因而进行改组。残存人员集中到晋宁县盘龙寺，编队整训。以后缩编为交通部领导的一个机构，不再属于军事系统了，这个一度庞大的军运机构，就此瓦解结束。在滇缅路撤退中，究竟死伤失踪了多少华侨机工，没有进行过调查统计，一些华侨机工不愿去晋宁整训，就各自寻找生活出路去了。

直到抗战胜利，国民党政府对这批流落在国内的爱国华侨机工，只给了买一张轮船票的钱，让他们回南洋，而多数人还是得到南洋各地亲属的汇款接济，才得返回南洋的。也有少数人，因广东、福建、海南岛老家有亲人，就回原籍去了。还有极少数人，因和当地人结婚，或是南洋及原籍都没有亲属，就在滇缅路沿线几个城镇安家落户。也有个别人参加了人民解放军。如我队华侨机工罗豫川，在兰州部队工兵仓库，我曾在兰州遇到过他。

当年"南洋华侨机工回国服务团"成员，在抗战中有过一定贡献，有的献出了生命，但他们的爱国事迹，没有被详尽地记载下来，随着时间的流逝，已逐渐湮没无闻，这是使后人感到遗憾的事情！

（选自《保山市文史资料》第五辑）

南洋机工

谢川舟

我1922年生于广东海南岛，兄弟姊妹七人，生活很苦。我14岁时不得不离开家，到海外谋生。

从海口坐船，到了马来西亚的太平埠，找到了侨居在那里的伯父。我先去当了几个月的小佣人，后来又到一家汽车厂当学徒，帮人收收工具、扫扫场地等。这期间我学会了开汽车、修汽车。

记得1938年底到1939年初，我十六七岁时候，听人说，日本人侵占了我们国家的大片领土，疯狂屠杀国内同胞，我们的祖国正面临着亡国的危险！

听着这些话，我的心里很难过、很焦急。华侨在国外的地位是同祖国的强盛程度密切相关的。祖国一旦沦亡，那我们在这里是不会有幸福的。我看到这里的马来西亚人，他们正处于英国的殖民统治之下，滋味不好受哪！

"国家兴亡，匹夫有责"。作为我，是拿不出多少钱来的，但我年轻力壮，可以为抗战出力。

一天，我碰到号召华侨参加机工服务团回国抗日的演讲，心情非常激动，我问他："阿哥，你说回去打日本鬼子，这要出多少钱？"他说："只要你愿意去，不用你自己出钱，费用由筹赈会负责。"我当时就请他做个介绍人去报了名。

过了约一个星期，就接到回国抗战的通知。这事我一直瞒着伯父，怕他知道了，不准我去。但想到我这一走，很可能是永别，心里又非常难过。离别的头一夜，辗转反侧，眼泪盈眶，难以入眠。

记得出发的那天早上，我独自悄悄地跑到太平埠筹赈会集合，然后排队上火车。车站上挤满了欢送的侨胞，有年老的父母来送儿子，有新婚妻子来送丈夫，还有的机工含泪吻别襁褓中的孩子……情景实在感人。有个小妹妹递给我一束小花，说："阿哥，你回到祖国去，要多打几个日本鬼子！"我说："一定不辜负大家的期望，我们要多打胜仗。"我们沿途都受到爱国同胞热烈欢送，殷殷之情，难以忘怀。

两天后，我们到了新加坡，住宿在同济医院，一共有几百名机工。我们这一批是第九批了。从新加坡上船，经过约两天三夜的航行，我们到了越南西贡，再从西贡乘火车入云南，经开远到达昆明。这时昆明寒气浓重，吃饭拿筷子，手都冻得不太灵活了。

我们住在昆明潘家湾昆华师范。先让休息几天，恢复一下体力。一天，我碰到队长，急切地问他："我们什么时候上前线？"不料队长却笑了笑说："我们的任务不是上前线打仗，是搞运输。"我说："我是回国来打日本鬼子，为同胞们报仇雪恨的！"他说："军队打日本鬼子不能没有武器呀！我们运送武器弹药给他们，军队有了武器，就能打倒日本鬼子！"我又问："那到哪里去运输呢？快点让我们去吧！"队长说："小鬼，你先不要急嘛！大家还要经过几个月的训练才能去跑车呢。"

接着，我们开始接受驾驶技术培训。每天早晨出操，上政治、军事课，下午出车，到郊外实际操作练习。机工们在国外大都开过车，培训起来也比较容易。

半年后结业，开始分配。我编在西南运输处第九大队二十六中队三十二分队。大队部驻云南省潞西县三棵树。这时大约是 1938 年 8 月下旬。从此，开始在滇缅公路上日夜不停地紧张运输。

那时，沿海省份相继沦陷了，滇缅公路成了我国与国外联系接受外援的唯一通道。大批美国军事物资先水运或空运至印度，然后又水运至八莫等地。我们就是负责将这些物资由缅甸运回国内。滇缅公路沿线分驻有几个运输大队，一般情况下每个大队负责自己区域内的运输。但有时也不受此限制。

开始，我先被分到遮放，跑畹町、遮放、芒市一带。最远的一次到了马龙，单程七天左右。就在这一次返回时，与我在同一个分队又是海南同乡的黎赐宽突遭横祸。他的车子惊扰了一匹驮迫击炮的骡子，竟被第五军士兵乱枪打死。

西南运输处，每月发给我们法币三十六元，出车费每天八角。这些收入，按当时的生活水平还是可以过的。但机工们长时间奔跑在外，难得在一个地方固定几天，生活极不稳定，常常饥一顿饱一顿，睡眠不足。

那时，滇缅公路沿线瘴疠肆虐，瘟疫流行，不少机工被疟疾夺去生命。加上路是抢建的毛路，山高坡陡弯多，险峻异常，行车稍不小心，就会车毁人亡，葬身深谷。这对机工精神上的压力很大，身体素质逐渐下降。

"新加坡华侨筹赈总会"曾几次征募了大批物资，运回国内发给机工。但这些物资大多数被官僚们侵吞，几年来只领过一套中山装、一双鞋、一顶帽子、一件旧大衣、一套毛呢服，还有三床毯子。

我的车子有一个特殊的标志：车灯两边各插一根小竹竿。这是因为我年岁小个子矮，看不见车窗外近旁的路。我爱动脑筋，就想了这个办法。很幸运，行车中没有出过什么事故。后来年纪大了，人也高了，就不用这个办法了。

少数情况是几部车或整个分队集体编组出车，大多数是一部单跑。我开始个头小，开的是美国小道奇卡车，载重两吨半。那时刹车是油刹，刹车时往往一下子刹不住。下雨时就更得小心。

公路质量差，坑坑洼洼，车子颠簸得很。运输任务繁重，没日没夜坐在驾驶室里，注意力要高度集中，累得身子骨都快散架。

虽然有队部，由于经常跑车在外，没有多少时间回去。滇缅公路沿线都设有机工食宿站，走到哪里就住到哪里。雨季，公路时有塌方，路基被冲毁，芒市南天门经常塌方阻车，少则几小时，多则几天几夜。如没有带干粮就麻烦了，饿得头昏眼花浑身发软。实在饿不住，就跑到农民的地里啃生包谷充饥。晚上，一个人蜷缩在黑洞洞的旷野里，听见野兽嚎叫，心里有点虚。接受饿肚教训，我就带着铁锅、粮食出车，一旦车子抛锚，就地埋锅做饭。

车厢里装两块木块，每当路面冲坏或稀陷时，就把木板垫在路上，让车子从木板上开过来，解决了不少问题。

出车前，先仔细检查各个部位，以消除隐患；零部件带齐全，作为故障时备用。所以我的车不出事故，任务完成得很好，即使在艰苦的条件下，也能把一车车弹药、汽油等军用物资运到抗日前线。

出车一般是没有严格的时间要求，多数情况靠自己的思想觉悟。中途想要休息或在集镇上玩几天，都无人知晓。但我绝少这样，当时的抗战热情是挺高的。有一次，我出车到下关，染上了疟疾，只得住进医院，医生说要住一星期。第二天我感觉好了一点，就悄悄跑出医院。医生追出来，狠狠批评了一顿，让我返回病房。但我很执拗，硬是没有回去，又开着车子走了。

在国内跑了一年多，我被调到仰光。每天负责把装卸军用物资的工人运到码头干活。这期间，日机常来骚扰，时常得提防日机扔炸弹和扫射。

待了七八个月，直到日军占领仰光前夕，我才撤退到八莫，把八莫堆积的物资抢运到芒市。由芒市运第六军部队到畹町，又接着去八莫装物资。如此循环往返，三四天一个来回。拉这些士兵得格外小心，如果发生碰车、翻车事故，就会被当作汉奸论处。

局势越来越紧张。有一天我拉着一车军用物资，夹杂在难民的车队中，从缅甸八莫出发。在一个山坡上，公路被汽车堵塞，前面的难民哭天喊地。我不知出了什么事情，跑上前去打听，真是一个晴天霹雳：勐汝（105码）被日寇占领了！勐汝地处滇缅公路缅方一侧，是通往八莫和曼德勒的岔路口，地理位置十分重要。退路已断，开着汽车回芒市已不可能。但也不能把这一车物资丢给日本鬼子。我就把汽车倒到崖子边，把汽车翻下山谷。战友们也都学着我的样子，毁车而逃。我身在异国，举目无亲，就跟着大批难民向东北方向的山坡爬去。崎岖的山路，看不见头尾的难民，惊惊慌慌喊喊叫叫往前赶路，唯恐被日寇追上。人群内也夹杂着几个散兵游勇和其他人员。我向一位难民打探，才知此路是回国的山道。

这是一段相当艰难的路程。当我十八天后摇摇晃晃到腾冲时，体力相当羸弱，几近耗绝，再也不能向前迈步了。身上肮脏不堪，形容枯槁，骨瘦如柴，其困窘程度，非身受其罪者是难以体会的。

十八天里，我有整整十五天没有吃过粮食，只靠吃野果喝凉水维持生命。刚开始走的时候，我带着一点罐头、面包、干粮，三天后就全吃完了。偶尔经过一个山寨想进去要点吃的，但村民都逃光了，在我之前不知有多少难民到此寻找，哪里还会有吃的！有一天经过一间磨坊，碓槽里早被饥肠辘辘的难民清扫过了。我仔细一看，哟！槽缝里还剩下一点点碎米渣渣，小心翼翼收拢起来，放在空罐头盒里煮了吃，多好吃啊！在这种情况下，居然能吃到"粮食"，真算幸运极了。"起来！不愿做奴隶的人们……"这个强烈信念使我没有倒下去，忍着饥饿，昼夜兼行。走不动了，就倒在路旁躺一会儿，喝点冷水，继续走。一路目睹多少惨绝人寰的景象：逃难的人们开始大都带着不少东西，挑的，背的，抱的，挎的，什么都有。连日艰苦跋涉及粮食罄尽，为了逃生，只得丢弃，我也是如此，最后只剩下只身一人。一路上，到处都可见到被扔掉的各种物品，草丛中，山沟里，狼藉遍地。有的人实在走不动了，就由亲人拖着拉着走，再不行，就只有被弃置道旁，听天由命了。我幸运的是自己年轻力壮，那些老弱妇孺才叫可怜，而最可怜的是那些拖着婴儿的母亲。我并不是不愿去帮助他们，我知道他们都是我的同胞，可是，力不从心啊！我连自己都顾不上呀！

我还记得，从路边上、树丛里传来的一阵阵一声声婴儿的哭声，那声音太凄切、太悲恸、太揪心了！催人泪下。儿女是父母身上的肉啊！若不是实在没有办法，谁会忍心丢下自己的孩子呢？

快到腾冲时，路旁有人摆些米汤，救济逃难的人，每人给一碗。我也要到一碗，几大口就喝干了，真香啊！

在腾冲时，碰到几个机工队员，休息了几天后，我们又走到了怒江边，江水湍急、汹涌，又没有桥。出钱雇了一个筏工，冒险冲到了对岸，继续走到变为废墟的保山城，原来的队部早已不知去向了。搭车到了昆明，然后到驻曲靖的一个辎重兵团里，在那里待了些天，没有车子开，我感觉很不习惯。

后来，从广东调来一个石城炮兵总队，总队长刚好是海南人，与我同乡，叫云昌贵。我去找他，要求参加他们的远征军到印度去，他同意了。我就随这支部队乘运输机飞越喜马拉雅山到了印度。不料，被分到一个骡马团里，负责养马。跑去找长官，说我是开车的，为什么要我去养马。长官根本不理睬，只说这是上面的决定，他们管不着。以后我才知道，我是顶替逃兵缺额的。我甚至连自己的名字也没有了，而成了另外一个我根本不认识的人，点名时，叫到那个名字的时候，我还得大声答应"到"。不久后，我开小差跑到了炮五团，这里的生活很苦，整日操练跑步，搞演习。印度的太阳相当厉害，晒得人简直受不了。我一心想开车，又跑到加尔各答，参加了英缅政府军运输队，任务是运输抗日物资，直到1945年日本投降。

抗战胜利以后，我就准备回国。恰逢加尔各答的中国领事馆总领事陈志平招募驾驶员，将一批"jMc"

卡车送回国内。我就参加了送车，沿中印公路一直将车开到了昆明黑林铺交接。

交了车，我又没事干，失业了。国民政府发给我们机工每人一张护照及六十万元遣散费。愿意回原侨居地的，由政府送回，不愿意回去的自谋生路。因我已与芒市一傣族姑娘结了婚，不愿再回马来西亚了，就在芒市定居，靠帮人接送汽车维持生活，直到解放。

杨军记录整理

（选自《德宏州文史资料选辑》，德宏民族出版社 1987 年版）

写回忆录应当尊重历史

——我对《修筑滇缅公路纪实》的几点看法

段之栋

1938 年 8 月底，经过滇西 10 个民族 20 多万筑路民工 9 个月的迅猛抢修，滇缅公路终于全线通车了。当时，根据战争形势的需要，国民政府决定滇缅公路由云南省政府移交给交通部接管，原来负责修筑此路的云南省公路总局就不再过问。1938 年 10 月，交通部在昆明设立"滇缅公路运输管理局"，负责此路的管理、养护、改善和客货运输业务，首任局长即是谭伯英。谭先生于当年 11 月 16 日就任。谭伯英早年留学德国，学机械专业，他主要是担任行政领导工作，在技术上则是依靠交通部先后派来云南负责滇缅公路改善工程的一批工程师，如容祖诰、陈孚华、龚继成、沈来义、李温平、黄京群等。他在局长的岗位上工作了 4 年，1942 年 9 月离任，1945 年移居美国后用英语写了《修筑滇缅公路》（《THE BUILDING OF THE BURMAROAD》）一书在美国出版。近年来，此书经戈叔亚先生译成中文，加上"纪实"二字，被编为《血路》一书的"上篇"（"下篇"是一些有关抗日的文史资料选辑），于 2002 年 10 月由云南人民出版社出版，引起了读者的关注。

《修筑滇缅公路纪实》中
有多处不符合历史事实

谭先生在书中回忆了他在滇缅公路工作期间，领导和组织工程技术人员及民工改善、养护这条公路的一些工程施工情况，以及工程技术人员和民工的工作、生活状况，公路施工沿线的民风民俗等，具有一定的阅读和参考价值。但是，当我仔细阅读之后，发现这部书无论是出版介绍、书前序言或正文中，均有一些不符合历史事实的地方，容易对读者产生误导。难道不是吗，2005 年纪念抗日战争胜利 60 周年时，国内有的新闻媒体，甚至还是中央一级的媒体，就把抢修滇缅公路西段的工程总指挥说成了谭伯英，有的读者甚至认为，整条滇缅公路都是谭伯英来云南后才开始在他的主持和领导下修筑的，他们的依据就是《修筑滇缅公路纪实》中的某些不正确的提法和表述。鉴于滇缅公路是一项享誉世界的伟大工程，是一条对抗日战争做出过重大贡献的公路，修筑滇缅公路是一段可歌可泣的历史，为了让子孙后代能够全面、准确地了解这条公路真实的修建历史，笔者感到有必要对这部书中的一些不符合历史事实的地方加以纠正和澄清，还历史以本来面目，以免以讹传讹，误导子孙后代。

云南负责此路的修建抢通，
中央只负责改善养护

据《中国公路交通史丛书·云南公路史》《云南省志·交通志》记载，滇缅公路的修建可分为三个阶段，第一阶段为初建阶段，于1924年3月动工，由于军阀连年混战、政局动荡、筑路资金短缺等原因，直到1935年12月土路始修通到下关（路面只铺设到禄丰），历时近12年，全长411.6公里，主持这段公路修建的，是云南省公路总局技监（总工程师）李炽昌，抗日战争开始后，这段公路被称为滇缅公路东段（上段）。第二阶段是战时抢修阶段，即1937年7月抗日战争爆发，为打破日军的封锁，我国急需修通一条连接缅甸仰光港的出海交通线，当时，国民政府正忙于撤退和西迁，无暇顾及此事，经云南省主席龙云与蒋介石在南京商定，抢修工程由云南负责，中央拨款补助，并派员协助。所谓"抢修"，主要是指此路的西段（下段），即从下关到畹町，全长547.8公里，这段路程高山大河连续不断，工程浩大艰巨，气候复杂恶劣，云南省政府发动和组织了滇西28个县、10个民族的20多万民工来参加筑路，具体施工由云南省公路总局负责。除了新修西段外，还要改善和铺筑东段未铺完的路面，为了抢修这段公路，云南省公路总局于1938年1月在保山成立了"滇缅公路总工程处"，委派该局技监（总工程师）段纬任处长，主持这段公路的修建，统一指挥，管理全路的 8 个工程分处，担任全线的总工程师、工程总指挥和技术上的最高决策人，国民政府的全国经济委员会和交通部也派出徐以枋、郭增望、赵履祺等工程师来滇协助工作，在后来的筑路过程中，他们主要负责"惠通""功果"两桥的设计和施工。这段路程于 1937 年 12 月开工，次年 8 月底全线通车，仅用了 9 个月的时间，被各国专家和新闻媒体视为世界公路修筑史上的一大奇迹。第三阶段是改善阶段，从 1938 年 10 月此路移交给交通部接管开始，直到抗日战争胜利。滇缅公路的质量因抢修关系，标准较低，当时的原则是"先求通，后求好"，交通部接管后，曾有计划地进行了一系列改善工程。改善的重点是对路基的宽度、坡度、弯度等还没有完全达到规定标准的地段，加以拓宽或改线。此外，又在功果桥上游 700 米处新建了一座载重量更大的"昌淦桥"，在某些急弯、陡坡处铺设了弹石路，在畹町至龙陵等地段铺设了柏油路。另外，在养护方面，组织民工在雨季修复了部分被雨水冲毁的桥涵，清除塌方，以保证公路的畅通，还及时修复了被日机炸毁的"功果""惠通"两桥，使运输不中断……在这段时期，担任过"滇缅公路运输管理局"（机构名称后屡有改动）局长的除谭伯英外，还有安钟瑞、龚继成、葛沣等。在上述三个阶段中，工程最浩大、施工最艰辛、工期最紧迫、最令世界瞩目和折服的，当属抢修阶段。

搞清楚滇缅公路的修建历史后，就很容易对《修筑滇缅公路纪实》中的一些误笔做出正确的判断。

谭伯英当时人都还未来云南，
怎么可能负责滇缅公路的抢通？

下面，还是回到这部书里来吧。

首先，美国 MACG—HILL 出版公司，在书前的"出版介绍"中就这样说："为战争物资从海港仰光到达昆明，在 1938 年开始建设和完成的，著名的滇缅公路提供了一个通道，在中国和世界历史上，它扮演了一个生死攸关的角色……负责这项工作的谭伯英……"在这一段叙述中所说的"在 1938 年开始建设和完成的"通道，显然是指滇缅公路西段的抢修通车，文中把 1938 年 11 月滇缅公路已经竣工通车后才来此路工作的谭伯英，说成是"这项工作"的负责人，这显然是不符合历史事实的。

其次，邢克全先生在以"书前"为题的序言中，谈到谭伯英其人时，也这样说："……当第二次世界大战将修筑一条攸关这方战事成败的国际通道之重任，任命他为'滇缅公路工程管理局'（笔者按：应为"运输管理局"）局长时，他动员、团结各族民工，在条件艰苦得他们自身每时都在做生存的搏斗时，这路也振作得他们自身每时都在顽强地将它向前推进……"在这一段中，邢先生忽略了一个基本的事实，"滇缅公路运输管理局"是什么时间成立的？它成立后的任务是什么？谭伯英是什么时候接受局长任命的？那时的滇缅公路已经从下关推进到了畹町，修筑这条国际通道的"重任"还能落到谭先生的肩上吗？

早在抗战前，云南就有了本省籍的公路专家段纬、李炽昌

另外，再看书的正文。

谭伯英在书的卷首"从昆明开始"一章中这样写道："这条公路在 1938 年下半年开工了……"这显然把开工的时间说错了，而且与他在下面一段中的叙述相矛盾，他说："云南省政府主席龙云将军 1937 年 11 月下达了一个命令，马上开始修筑滇缅公路。云南省公路局局长禄国藩将军以及他的助手杨文清先生全权负责这项工程。同时，负责具体组织全线工程建筑的中国国家经济委员会派出了两名有经验的工程师来协助"。在这一段话里他倒是把抢修滇缅公路的开工时间说对了，但却把由云南省公路总局负责全线工程的修筑说成是中央政府的全国经济委员会，在谈到云南省公路局时，他也只是提了一下负责这项工程的行政领导禄国藩和杨文清（前者时任云南省公路总局代理督办，后者时任会办），而只字不提主持抢修这条公路的总工程师、工程总指挥和技术上的主要负责人——云南省公路总局技监（总工程师）段纬。在谭先生眼

中，云南是落后的，不可能有什么工程技术专家，负责修路的工程师都得从中央政府派遣。其实，那时的云南并不是像谭先生想象的那么落后。早在1910年滇越铁路修通后，云南人就有了一条出海的便捷通道。1911年辛亥革命后，云南省军政当局为了振兴和发展地方实力，曾相继选送多批云南籍学子分赴欧美、日本留学，他们学成回来后都成了本省各行各业的专家。就以筑路工程方面来看，1920年代，云南就有了本省籍的第一代高级土木工程师，那就是云南省公路总局的两位技监（总工程师）段纬和李炽昌。段纬（1889～1956），字黼堂，白族，云南巍山人，1916年考取公派赴美国留学，就读于普渡大学土木工程系，1920年毕业，翌年又入麻省理工学院修业，学飞机制造，继而到法国里昂大学进修，获土木工程硕士学位，1923年再赴德国学飞机驾驶技术，两年后毕业于老特飞行学校（这是欧洲著名的一所航校，二战中德国空军的飞行员大多毕业于此），在国外深造近10年。李炽昌（1891～1947），字颂鲁，昆明人，1913年考取公费入香港大学土木工程系就读，获学士学位，毕业后到美国实习进修达5年之久。李、段两人相继于1920年代中期学成回国返滇。云南省当局除了选派留学生培养本省的工程技术专家外，从1925年开始，又在东陆大学（今云南大学前身）开办了土木工程系，接着又创办了云南道路工程学校、昆华工校（校内开设有土木工程专业）、县道人员训练班等，也为云南培养了大批的公路工程技术人才。抗战前13年中云南省修筑的几条干道公路（昆明至下关、昆明至贵州盘县），都是靠本省的技术力量完成的。"没有金刚钻，不揽瓷器活"，如果当时云南没有自己的公路工程技术专家和一批工程技术骨干，没有抗战前13年中在本省内修筑一千多公里并已竣工通车的干、县道公路的实践经验，省主席龙云是不敢在南京主动向蒋介石请命：抢修滇缅公路的工程由云南省方负责，中央只需拨款补助，派员协助即可。1937年抗日战争开始时，因李炽昌已改搞盐矿工程，省公路总局只有技监段纬留任。此前，段纬曾主持修建了滇黔公路昆（明）盘（贵州盘县）段，并亲自设计和主持修建了滇东马过河大桥（滇黔公路滇段的关键工程）及民国时期云南最长的公路石拱大桥——宜良汇东桥。此时的段纬，不仅拥有从欧美学来的先进的专业理论和技能，而且已经积累了近10年的筑路建桥的丰富经验，是足以担当起抢修滇缅公路西段这一历史重任的，后来的事实也证明了这一点。1937年12月抢修滇缅公路的工程开始动工后，虽然中央政府派了一些工程师来滇协助工作，但从后来的施工过程和整个工程来看，技术工作主要是由云南省的工程技术专家和技术人员承担。事实胜于雄辩。谭先生的这一段叙述中置历史事实于不顾，完全是一种偏见。

谭伯英的贡献在于领导了已竣工的滇缅公路的改善工程

不仅如此，他在另一段叙述中也有误笔，他说："1938年9月，重庆的一个早晨，交通部长通知我，他决定到昆明去视察这条在交通部直接负责下的公路的修筑情况，并要求我在几小时之内和他同去。部长没有直接告诉我什么，但我预感到他可能会要我领导公路的修筑。我说出了我的忧虑，因为我在大学里最早是攻读历史和地理的，我不认为我有成功的可能。"这一段话里明显的错误是，1938年9月，当时滇缅公路虽已全线通车，但因还有一些工程的收尾工作仍在进行，此时尚未移交给交通部接管，而且这条公路从初建到抢修都一直是由云南省公路总局负责的，怎么能说成是"在交通部直接负责下"修筑的公路呢？这和他在上面一段中说的抢修滇缅公路西段是由中国国家经济委员会"负责具体组织全线工程建筑"，其指导思想是一脉相承的。至于交通部长要带上谭先生到昆明视察，那不过是为即将全面接管这条公路做准备而已。另外，当时滇缅公路已经全线竣工通车，交通部长怎么还会要他来领导这条公路的修筑呢？只可能叫他来领导这条已经修好的公路的改善和养护工程了。倒是他在同一章的另一个地方说的："对修整滇缅公路，我的忧虑逐渐开始变成激情。"这当中的"修整"一词的确用得恰如其分，也比较符合事实，改善、养护不就是对公路的一种"修整"吗？谭先生来云南工作的四年期间，他的贡献就在于领导了对已经竣工的滇缅公路的"修整"。

国民党在对外宣传中
有意抹煞云南省方的功绩

写到这里，我想起了抗日战争初期时任云南省政府委员，曾作为特使代表云南省政府亲赴缅甸与英缅政府商谈滇缅公路缅段修筑事宜的缪云台先生，他在一篇关于修建滇缅公路的回忆文章中曾这样写道："1939年国民政府成立了云南运输处（笔者按：应为1938年10月国民政府成立了"滇缅公路运输管理局"），接管了滇缅公路，对外大加宣传，但很少提到这条公路是由云南民工在省政府的计划安排下修成的。龙云后来对国民政府屡有抱怨，这恐怕也是一个因素。"①从缪先生的这段话中可以看出，当时由于蒋介石和龙云之间有矛盾，所以国民政府在对外宣传滇缅公路的修建时只突出中央政府的作用而抹煞云南省方的功绩。谭伯英先生的书中一再无视云南省公路局、无视云南籍的公路工程技术专家和技术人员，这大概也是受了国民政府当时对滇缅公路宣传方针的影响吧。

―――――――――――――

①见缪云台：《联系对外交通及战后建设》，《血肉筑成抗战路》（《云南文史资料选辑》第五十二辑）。

总的来看，谭伯英先生的《修筑滇缅公路纪实》中虽然有一些失实之处和不妥的提法，但它重点描绘了滇缅公路改善阶段的一些工程的施工情况，且大部分是谭先生亲历、亲见和亲闻的场景，这条公路的工程进入改善阶段后，屡遭日机轰炸，工程量还是大的，施工过程也是艰辛的，也应大书一笔，所以我认为此书还是有可读性的。

参考文献资料

1.《中国公路交通史丛书　·　云南公路史》

2.《云南省志　·　交通志》

3.《血肉筑成抗战路》(《云南文史资料选辑》第五十二辑)

4.《云南省志　·　人物志》《云南公路史　·　人物传略》《云南大百科全书　·　人物》《云南辞典　·　人物》中有关段纬、李炽昌的条目或传略

抢修滇缅公路的总工程师

——记白族道路工程专家段纬

段之栋

滇缅公路从下关到畹町这一段全长 548 公里的路程，是滇西 10 个民族、20 万筑路民工在抗战紧要关头的 1937 年 12 月至次年 8 月，仅用短短的 9 个月时间赶修出来的。那么，主持抢修这一段当年被称为"滇缅公路西段（下段）"的总工程师、全线工程总指挥和技术上的最高决策人又是谁呢？他就是著名的道路工程专家、当时的云南省公路总局技监（即总工程师）段纬。

留学欧美 一去十年

段纬，字黼堂，白族，1889 年生于云南省蒙化县（今巍山县）。段纬幼年就学私塾，勤敏好学，1908 年由县选送入昆明"方言学堂"（云南最早的官办外语学校），习英、法文，做出国留学之准备。1913 年，段纬怀着"科学救国"的壮志，以优异成绩考取公派赴德国留学，先送往青岛学德语，后因第一次世界大战爆

254

发，日军攻占青岛，段纬改入上海同济大学（德国人创办）继续学业。1916年，德语学习结业，因当时欧战方炽，赴德无法成行，段纬被改派赴美国留学。他先入普渡大学学土木工程，1920年毕业，实习一年后，1921年又入麻省理工学院航空科修业，学飞机制造，之后转赴法国里昂大学进修，获土木工程硕士学位，1923年再赴德国学飞机驾驶技术，两年后毕业于老特飞行学校（这是欧洲一所著名的航校，二战中德国空军的飞行员大多毕业于此），出国深造近10年。

云南籍的第一个飞行员和飞行教官

1925年，他学成回国返滇，受聘为东陆大学（云南大学前身）土木工程系教授，为云南籍最早的几个土木工程教授之一。在教学中他把欧美的先进科学技术传授给学生，深受学生的欢迎。翌年，唐继尧委任段纬担任云南航空大队副大队长，后又升任队长，同时兼任云南航空学校校长和飞行教官，参与培训云南航校的第一、二期学员。他亲自教学生驾驶飞机和汽车，上课或实习时，每次都和学员一起架机升空，示范或指导学生驾驶飞机。段纬是经过国外著名航校正规培训，系"科班"出身的第一个滇籍飞行员和飞行教官，也是云南航空事业的开拓者之一。

1927年5月唐继尧病逝后，滇系军阀中各实力人物为争夺省的最高统治权又起战端，控制省城的军事首脑命令段纬从昆明驾机轰炸被围困于曲靖城内的敌对部队。段纬不敢违抗军令，又不忍涂炭生灵，经再三考虑，心生一计，于起飞前就将炸弹的引信秘密拆除，当飞机飞临曲靖上空时，为了做到万无一失，又故意避开人口和房屋密集的县城，而把炸弹投掷在远离城区的荒山上，使曲靖城内的军民避免了一次劫难。

经过这次行动，段纬不愿卷入军阀混战，遂向上级提出辞呈，要求调到公路部门去工作，其时，云南航校第一期学员已毕业了一年，可以胜任现职工作，云南军政当局当时又把修筑公路列为"要政"，遂准段纬所请。

云南籍的第一代高级土木工程师

1928 年，段纬调任云南道路工程学校校长和汽车驾驶人员训练班的教练（1935 年又兼任云南县道人员训练班的校长），为云南培训出第一批公路技术人才和汽车驾驶人员，他是云南籍的第一个专职的汽车驾驶教练。同年底，云南全省公路总局成立，他担任该局技监（即总工程师），成为省公路总局的最高技术负责人之一，也是云南籍的第一代高级土木工程师（另一位技监李炽昌，昆明人，香港大学毕业，后留美实习深造）。从 1929 年伊始，他主持修筑我省连通内地的第一条省际公路——滇黔公路昆（明）盘（贵州盘县）段，他亲自率领技术人员测量了昆明至曲靖、踏勘了平彝（今富源）至盘县两段路程。这条由昆明当时的汽车东站（今海棠饭店一带）一直修到盘县的公路，全长313.7公里，于1937年4月竣工通车，与贵州方面从贵阳修至盘县的公路相接。这一段公路受到了国民政府行政院随即派来考察的"京滇公路周览团"的好评，该团的专家们认为，昆（明）盘（县）段公路质量甚高，"除湘省外无出其右者"。自此，云南与贵州及全国的公路正式连网通车，成为"京滇公路"（南京至昆明）的最后一段，它结束了从云南去内地要先出国经越南、再从海路绕道香港的历史，也摆脱了法国人控制云南对外交通的局面。在此路修通3个月后爆发的抗日战争中，我国沿海城市相继沦陷，滇越铁路中断，云南与内地的交通主要靠此路连接。同时，此路划为国道，滇黔公路连接贵阳以至战时陪都重庆，也可经贵阳沿黔桂公路至广西金城江（今河池），与当时通车到那里的湘桂铁路相连，战时滇缅公路进口的军用物资，大部分经此路运往内地，它为抗战做出了巨大的贡献。还须一提的是，因滇黔公路修通在前，才使抗战初期抢通滇缅公路有了必要性和可能性；若无此路，即使外援物资运抵昆明，也无法输往内地抗日前线。在此期间，段纬还亲自设计并主持修建了滇东马过河大桥（系滇黔公路滇段的关键工程）及民国时期云南最长的公路石拱大桥——宜良汇东桥。在抗日战争中，作为关键工程，汇东桥连通了从昆明通往南疆的滇越公路和通往贵州、广西的滇黔南路两条战略公路，对抗战做了重要贡献。汇东桥迄今已经历了80余年的风风雨雨，依然屹立在南盘江上，见证历史的沧桑。

1935年12月至次年2月，段纬率队勘定了滇缅铁路西段路线（从祥云至孟定），为后来修筑这条铁路掌握了第一手资料。

临危受命　艰辛备尝

1937年7月，抗日战争爆发，随着战局的急剧变化，我国沿海港埠相继沦陷。国民政府为打破日寇的封锁，急需修通滇缅公路西段（从下关至畹町），以连接缅甸仰光港的国际运输线，史称"抢修滇缅公路"，即指西段而言。至于东段（昆明至下关），虽已于1935年12月修通至下关，但路面当时只铺设到禄丰，从禄丰到下关308公里的路程还是土路，晴通雨阻，且整段路程路基宽度不够，尚待拓宽改善；西段548公里则全须新修。为赶修这段公路，1938年1月，省公路总局在保山设立"滇缅公路总工程处"，委派段纬为处长，驻保山主持这项重大工程。段纬受命于危难之际，负责指挥管理9个工程分处，担任总工程师、全线工程总指挥和技术上的最高决策人，因此工作十分紧张、繁忙。他的任务虽然是驻保山总工程处指挥筑路，但实际上大多数时间都深入到工地上。他精心筹划、妥善部署，翻山越岭走遍了全路线，深入现场，具体指导，废寝忘食，日夜操劳，从踏勘、测量到设计、施工，事事过问。指挥、指导这样一支 20 万人的筑路大军和人数众多的工程技术人员（其中还包括交通部派来协助工作的徐以枋、郭增望等几位工程师），可谓艰辛备尝！这段路程高山大河连续不断，工程浩大艰巨且气候复杂、恶劣，怒江两岸及其以西的许多地段，恶性疟疾蔓延，这一带地区，每年雨季长达 6 个月，经常暴雨成灾，凡此种种，都给施工增加了很大的困难。

段纬主持总工程处的工作后，首先考虑到的就是如何解决跨澜沧江和怒江两座大桥的建桥问题。为了求得答案，他会同交通部派来云南协助工作的工程师徐以枋、郭增望等到实地进行考察，看到两条江的江面宽阔，水流湍急，号称天险，要在短期内修建桥墩，建桥通车，实无此可能。经过大家分析、研讨后，决定澜沧江上的功果桥，在旧有铁链桥的上游 8 米处，利用原桥护岸作桥台，新建一座钢索木面柔性吊桥；怒江上的惠通桥则利用原通行人马的新式悬索桥加以改建，建为可通汽车的钢索木面柔性吊桥，当时，这在全国也是一种创举。意见统一后，由段纬当场拍板，并代表总工程处委托徐以枋负责两桥的设计，郭增望指导施工。

在筑路方面，由于施工任务紧迫，段纬决定全线铺开，边踏勘、边测量、边设计、边施工，路基、桥涵、路面同时推进，并采取"先求通，后求好"的方针，即先开出半幅路基 4 ~ 5 米，然后逐步加宽。这样，从昆明至畹町展开了一条近千里的长龙阵，蔚为壮观。施工中，由于缺乏筑路机械，民工们使用的是锄头、扁担、铁铲、竹箕、草绳、榔头、钻子、大锤、炮杆、橇棍、十字镐、黑火药等原始的工具，就连铺路也是用石碾子分层滚压，民工和工程技术人员们，几乎是想尽了当时条件下的一切办法，以求快速修通。

率先开车跨过钢索吊桥

1938年6月9日，功果桥竣工，它是云南，也是全国的第一座可供汽车通行的钢索木面柔性吊桥。举行通车典礼那天，段纬专程赶来检查、验收。当时，停在岸边等候过江的车队驾驶员们，看着宽阔的江面，江中的急流和滚滚波涛都十分胆怯，没有一个人敢率先开车过江。因段纬会开汽车并且当过汽车驾驶教练，便果敢地站出来对驾驶员们说："今天我先开一辆车过江，如果我不幸掉进江中，就算我为抗日捐躯，你们就不要过江了；如果我平安抵达对岸，你们就跟着开车过来。"说完，他征得驾驶员的同意，就钻进一辆卡车的驾驶室，开着车缓缓驶上桥面，桥面微微有些晃动和起伏，岸边观看的人都屏住了呼吸，心脏随着车轮的滚动蹦蹦直跳，但一见车子安全驶抵对岸时，两岸的人群里立刻爆发出雷鸣般的掌声和热烈的欢呼声，于是一辆又一辆的车子便开过了对岸，功果桥宣告正式建成通车。事后段纬对人说起此事时说："开车过钢索吊桥，这在全国是头一次，其实，我当时也没有绝对的把握，但是作为总工程师和工程总指挥，自己不身先士卒，你叫谁先过呢？言教不如身教，大不了为国献身！修路也和打仗一样，是要死人的。"

在筑路施工期间，一是工作极其紧张繁忙，二是生活十分艰苦，段纬不搞特殊，总是和工程技术人员同甘共苦，白天奔忙于工地，一日三餐吃工地炊事员做的野炊，晚上住简陋甚至漏雨的工棚，当时他已年近 5 旬，且患有高血压病，他在怒江以西的一些路段上指导工作时，又几次染上了疟疾，有几次血压高得惊人，几乎危及生命，但都坚持就地医治、抱病工作、不离职守，为了抗日，置个人生死于度外。

直面手枪　怒斥督工大员

抢修这段 548 公里的浩大、艰巨工程，英、美专家估计至少要 3 年，国民政府鉴于军事形势的紧迫，决定限期一年修通，而以龙云为首的云南省政府不顾主客观条件急于求成，加码为限期 4 个月通车，这完全是脱离实际，一厢情愿的主观决定，后来虽不得已延期至 6 个月、7 个月，这也是不可能的。这期间，一位军界出身并兼有军职的督工大员，竟用管理军队的那一套办法来管理施工队伍，动辄用手枪威逼各级工程负责人和技术人员，声称如不按省政府规定的期限完工，要按贻误军机"军法从事"。段纬面对着这位不懂工程技术、不调查具体困难的官员，不计个人安危，多次据理反驳，指出各级工程负责人和技术人员已经尽了最大的努力，是真正的出力者和有功者，不仅不应受到处分和责难，而是应该受到嘉奖。一次，段纬的逆耳忠言竟然激怒了这位大员，他悍然用手枪的实弹射击来恐吓段纬。当时，段纬面不改色心不跳，他也不肯示弱，大声吼道："你开枪吧！我当过航空大队长，我也当过军人，我为抗日就不怕死，打死了我，看你找谁来主持修路！"这位大员原来只是想恐吓一下，用手枪和子弹来维护自己的权威，却遇上了软硬不吃的段纬，弄得十分尴尬，只好在众人劝解下草草收场。不仅如此，在筑路期间，为了早日完工通车，段纬真正做到了忍辱负重、委曲求全、任劳任怨。面对着龙云对逾期未完工的种种指责乃至惩罚，他仍然忘我工作、安之若素、顶日冒雨、风餐露宿，一心扑在修路上。他以自己的实际行动、苦干实干的精神和高超的筑路指挥技能，赢得了全路职工的钦佩和好评。

不辱使命　荣获金质奖章

经过紧张的施工，1938 年 7 月 28 日可以全线通车了。8 月 2 日，段纬发电向省政府报捷，但是自然界总是按照自己的规律发展，不以人的意志为转移，七八月份正是雨量最大、最集中的日子，不幸得很，电报才发出，暴雨即至，许多地段路基坍塌、桥涵毁损，多处不通，段纬又被追究"谎报完工"。面对着通车在望的工程，段纬不计个人得失，宠辱不惊，百折不挠，迎难而上，立即率领各级工程负责人、技术人员和民工们，风里来雨里去，清除坍方，排险导流，减免冲刷，与暴风雨和洪水做斗争，奋战了1个多月，终于在8月31日修复了各处水毁工程，可以通车了。1938年9月2日，当时的《云南日报》发表了《滇缅公路工竣通车》的报道。省政府向总工程处和各工程分处发了"嘉慰"电。至此，抢修阶段基本上告一段落。

抢修滇缅公路西段的工程，从1937年12月初开工，到1938年8月底通车，施工时间仅9个月，全赖人力，用近乎原始的工具材料和施工方法，战胜了横断山系中的高山大河，新修548公里的干道公路，改善、铺设东段（昆明至下关）路面400余公里，全线共铺泥结碎石路面900多公里，仅西段就完成土方1100多万立方米，石方110多万立方米，修建各种桥涵2032座（道），这是云南各族人民对抗日战争的重大贡献。消息传出后，震惊了全世界，被美国总统罗斯福、各国专家和新闻媒体视为世界公路修筑史上的一大奇迹。各国新闻媒体竞相报道该路的修筑情况，发表文章和图片，其中，英国《泰晤士报》连续3天发表文章，指出："只有中国人民才能在这样短短的时间内做得到"。当时，有位记者写道："那么多的崇山峻岭，那么多的长江大河，即使是徒手游历，也需要几个月的跋涉"。有的媒体认为，滇缅公路是中国大地上继万里长城、运河之后又一项令全世界折服的巨大工程。英、美外交官和各国记者,"国联"专家来华考察了滇缅公路后,都给予了很高的评价,美国驻华大使詹森向罗斯福报告说,这条公路的工程,可同巴拿马运河媲美。著名作家、记者肖乾曾经高度评价和热情礼赞这条公路:"世界上再也找不到第二条公路同一个民族的命运如此息息相关了。40年代,当沿海半壁河山沦陷后,敌人以为这下可掐断我们的喉咙。那时,滇缅公路就是我国对外联系的唯一通道。滇缅公路不仅仅是一条公路,它是咱们的命根子。"

滇缅公路在抗日战争的关键时刻修通,它与滇黔公路和后来修通的川滇东路、滇黔南路等几条公路连接起来,成为当时从国外运进盟国援华军事、经济物资,从国内运出外贸物资的我国唯一的出海通道和国际交通运输线,被誉为抗日战争的"输血线"、"生命线"和"钢铁运输线",对抗战贡献极大。

鉴于段纬在主持修建这条公路中所立下的特殊功勋,国民政府交通部特授予他一枚金质奖章。

忠于职守　再立新功

1939年,段纬应聘兼任叙(宜宾)昆(明)铁路顾问,并参与了该路昆(明)沾(益)段的设计工作。次年,段纬又参加了滇越公路的修建,任工程处总工程师,并亲自踏勘了该路蒙(自)河(口)段。

抗战胜利后，段纬调任滇越铁路滇段管理处副处长，主持了修复滇越铁路碧（色寨）河（口）段的筹划工作。1948年，段纬任昆明区铁路管理局副局长。1949年12月9日云南起义后，他任代理局长。这段时期，他积极协助军代表办理移交、接管工作。1951年，他奉调到省人民政府担任顾问、参事。1956年5月1日因脑溢血病逝于昆明，终年67岁。

勤奋好学　生活俭朴

段纬一生勤奋好学，精通英、法、德三国外语。在他的书架上，摆满了各种外文专业书籍，他经常手不释卷，直到晚年依然如此。他的国学根底深厚，并酷爱中国的民族文化，经、史、子、集皆喜涉猎，能背诵不少古诗、古词、古文，他对一些著名的古典文学作品十分喜爱，对《西厢记》《水浒传》《三国演义》《西游记》《红楼梦》《聊斋志异》《今古奇观》等名著百读不厌，赞不绝口。他喜练书法，写得一手好毛笔字，还是个京戏和滇戏迷，除到剧场看戏外，还经常到清唱茶馆听戏。

生活上，他虽然飘洋过海（出国期间他乘海轮先后横渡过太平洋、大西洋、印度洋3个大洋），到过东京、纽约、华盛顿、伦敦、巴黎、里昂、柏林、罗马等世界名城，见过不少世面，但回国后从不认为"外国的月亮比中国的圆"。他衣着简朴，除参加外事活动时西装革履外，平时喜穿大褂（长衫）、着布鞋，家居时喜欢脱去大褂，穿中式对襟衬衣和中式长裤，挂怀表。他积极参加熊庆来、缪云台等组织的欧美同学会的各项活动，经常出席该会举办的"星期六聚餐会"。段纬一生平易近人，从来不摆专家学者的架子。抗战期间，驻昆的美国空军"飞虎队"队员上街买东西、问路，因语言不通经常发生困难，只要段纬碰上，都主动为他们充当翻译。那个时期，段纬全家疏散在昆明西山脚下苏家村，他休假回家时，常去乡村茶馆里喝茶，与农民聊天，还在自家的住宅旁开了一块菜地，有空就亲自挑水浇灌，以劳动为荣。他洁身自爱，生活俭朴，为了学业和事业，直到 38 岁才结婚成家。段纬一生无党无派，为人刚直不阿，在工作和待人接物中，他严于律己、宽以待人，生活节俭，廉洁奉公，为同行和后辈所景仰。

名留史志　告慰先驱

段纬把毕生的精力都奉献给我省的航空和交通事业，足迹遍及三迤大地，可谓鞠躬尽瘁，死而后已。为了记载他的功绩，《云南省志·人物志》《云南大学志·人物志·人物传（三）》《云南公路史·人物传略》《成都铁路局志·人物》《昆明铁路局志·人物》等史志都为他立了传，《云南省志·交通志》虽已把人物部分统一集中到《人物志》，但在相关章节也记述了他的业绩和贡献，还有《云南大百科全书·人物》《云南辞典·人物》中也开列了他的条目，先生如果九泉有知，定会感到欣慰。

参考文献资料

《云南省志·人物志》《云南大学志·人物志·人物传（三）》《云南省志·交通志》《云南公路史·人物传略》《成都铁路局志·人物》《昆明铁路局志·人物》《云南大百科全书·人物》《云南辞典·人物》中有关段纬的传略、条目、章节。